Fanny Lewald

Bunte Bilder

Gesammelte Erzählungen und Phantasiestücke - 2. Teil

D1724044

Literaricon

Fanny Lewald

Bunte Bilder

Gesammelte Erzählungen und Phantasiestücke - 2. Teil

ISBN/EAN: 9783959135320

Auflage: 1

Erscheinungsjahr: 2017

Erscheinungsort: Treuchtlingen, Deutschland

Literaricon Verlag UG (haftungsgeschränkt), Uhlbergstr. 18, 91757
Treuchtlingen. Geschäftsführer: Günther Reiter-Werdin, www.literaricon.de.
Dieser Titel ist ein Nachdruck eines historischen Buches. Es musste auf alte
Vorlagen zurückgegriffen werden; hieraus zwangsläufig resultierende
Qualitätsverluste bitten wir zu entschuldigen.

Printed in Germany

Cover: Fanny Lewald in "Die Gartenlaube", 1862, Abb. gemeinfrei

Bunte Bilder.

Gesammelte Erzählungen und Phantasiestücke

von

Fanny Lewald.

Zweiter Theil.

Berlin, 1862.

Druck und Verlag von Otto Janke.

Berliner Kinder

I.

Wer von Berlin spricht, der denkt sich dabei meist die große
Residenzstadt mit dem Brandenburger Thore, auf dem die
Victoria steht, mit den Linden und dem Zeughaus, das
Schlüter, der preußische Michel Angelo, erbaute, der denkt
an die fünf Statuen der Generale Blücher, York, Gnei=
senau, Bülow und Scharnhorst, der denkt an das koloffale
Standbild des alten Fritz, an die Schloßbrücke mit ihren
acht Marmorgruppen, an das schöne alte Schloß, an die
Palläste der Prinzen, an Museen, Theater, an Kunstschätze
und Ballet, an königliche Equipagen, an Luxus, an Müßig=
gang, und vor Allem an Soldaten, an sehr viel Soldaten!
Aber eine Stadt, die Nichts weiter enthielte, als einen
Hofstaat mit seinen Umgebungen und Luxusbedingnissen,
eine Stadt, die Nichts wäre, als der Mittelpunkt einer
Gesellschaft von Hofleuten, Lebemännern, Weltleuten,
Kunstliebhabern und Soldaten, hätte gar keine Fähigkeit

zu natürlichem Leben und also auch keine Möglichkeit selbstständiger, schneller Entwickelung in sich. Es wäre unbegreiflich, wie Berlin in einem Zeitraum von fünfzig Jahren von einer Stadt von hunderttausend Einwohnern zu einer Einwohnerzahl von mehr als einer halben Million heranwachsen konnte, wenn es nichts Anderes wäre, als das Berlin, welches die Fremden bei ihren flüchtigen Besuchen kennen lernen, und das eben nur den kleinen Raum vom Brandenburger Thore bis zur Kurfürstenbrücke mit den diesen Stadttheilen zunächst gelegenen Gegenden, und die neuen, von den Reichen und Vornehmen bewohnten Straßen zwischen dem Kanal und dem Thiergarten umschließt.

Ganz abgesehen davon, daß zwischen den Pallästen unter den Linden sich die Universität erhebt, deren Einfluß sich in dem Berliner Leben überall fühlbar macht, so beginnt jenseits der Stadtviertel, in denen der Hof, der Adel, das Militär, die Gelehrten und die reichen Banquiers sich niedergelassen und ihre Wohnungen haben, erst das eigentliche Berlin, dessen fortschreitendes Wachsthum in ihm selbst verbürgt liegt, und das sogar die Mißregierung der Reaction, welche während zehn Jahren auf Preußen gelastet, nicht zu unterdrücken vermocht hat.

Berlin ist eine Residenzstadt, aber noch viel mehr eine gewerbtreibende, eine arbeitsame Stadt, und neben der

großen Anzahl Derjenigen, welche in seinen Mauern nur
Erheiterung und Genuß suchen, lebt die ganze große Men=
schenmenge, die mit ernster Arbeit sich ihr täglich Brod
oder ihre Selbstständigkeit und Unabhängigkeit zu erringen
strebt. Es ist als ob der Zuruf des alten Blücher, als
ob das „Vorwärts", mit welchem er in der Stunde des
Kampfes seine Preußen anzufeuern pflegte, noch immer in
der Luft zu hören sei und jeden Einzelnen in seinem
Kampfe mit dem Leben zum Muth anfeure. Denn vor=
wärts will hier Jeder, geistig sowohl, als in seinen Ver=
mögensverhältnissen, und es möchte nicht zu viel gesagt
sein, wenn man die Berliner Gewerbtreibenden und Ar=
beiter als die rührigsten Deutschen bezeichnet.

Man braucht nur die Kinder der Arbeiter auf den
Straßen Berlin's zu beobachten, um sich zu überzeugen,
weß Geistes sie sind. Selten, daß man sie in jenem
müßigen Hinträumen findet, das man an andern Orten
so vielfach beobachten kann. Sie sind immer thätig. Sie
ahmen die Arbeit der Erwachsenen nach, bis sie selbst früh
genug zu arbeiten beginnen, und haben sie irgend ein
Spiel vor, so sind auch bei diesem ihre Achtsamkeit und
ihre Lebhaftigkeit unermüdlich. Die Berliner Kinder haben
den Kopf auf dem rechten Flecke. Sie denken schnell, sind
nie um eine Antwort verlegen und immer zum Scherze,
aber auch zu einem Angriff auf Dasjenige geneigt, was

ihnen komisch oder mißfällig erscheint. Sie möchten von der ganzen Jugend Deutschlands dem Pariser Gamin am nächsten verwandt sein, und wie bei diesem zeigt sich in der stäten Lebhaftigkeit des Kindes die große Kraft und Ausdauer vorgebildet, deren der Jüngling und der Mann einst fähig sein werden.

Eine ganze Gruppe solcher Berliner Kinder stand vor etwa fünfundzwanzig Jahren an einem hellen Herbstnach=mittage mitten auf dem Fahrwege der Klosterstraße und sah dem Handel und Wandel zu, welcher dort rund um die Bauernwagen stattfand, die bereits am Freitag den Markt des Sonnabends eröffneten. Es sind meist Gänse, die im Herbste auf diesen Freitagsmärkten in der Kloster=straße feil geboten werden, und da im Herbst und Winter der Gänsebraten der eigentliche Sonntagsbraten des wohl=häbigen Bürgers ist, so war es hübsch anzusehen, wie die Bürgersfrauen zwischen den Wagen hin und her gingen und prüfend und wählend und feilschend und einander mit Rath beistehend die Gänse untersuchten, welche ihnen von den Bauern zugereicht wurden, oder in ihres Fleisches Fülle schimmernd, an den der Straße zugekehrten Seiten der Wagen in Reihe und Glied herniederhingen.

Manche der Meisterfrauen hatte ihres Mannes Lehr=jungen mitgebracht, um den Einkauf nach Hause tragen zu lassen, Andere riefen zu dem Zwecke den ersten besten

Buben herbei, um einem armen Jungen auch einen Groschen zuzuwenden, wenn man für die eigene Familie etwas
darauf gehen ließ, und die Zahl der auf einen solchen
Glücksfall wartenden Knaben hatte sich auf diese Weise
schon bedeutend vermindert, als einer der noch übrig ge-
bliebenen plötzlich einen Anlauf nahm, sich zwischen die
beiden nächsten Wagen durchdrängte und so schnell er
konnte an das andere Ende der Straße lief, wo eben noch
ein neuer Wagen vorfuhr.

Der Bursche mochte zwölf oder dreizehn Jahre alt
sein, aber er war groß und kräftig über sein Alter und
man konnte es an seinen Kleidern sehen, daß er schnell
gewachsen oder auch seit sehr langer Zeit nicht neu bekleidet sein mochte. Er hatte eine blaue Tuchjacke an, die
ihm viel zu eng war, und aus welcher seine rothen Arme
mit den starken Händen ungebührlich weit hervorsahen;
eine Tuchhose, die unten und überall, wo es irgend thun-
lich war, mit altem Leder besetzt war, daß sie sich wie die
Hose eines Kavalleristen ausnahm, und auf dem Kopfe
trug er eine elende Ledermütze ohne Schirm. Alles das
war so dürftig als möglich, Alles das entsprach aus
Dürftigkeit seinem eigentlichen Zwecke nicht vollkommen.
Die Jacke schloß und wärmte nicht, ihre Taschen waren
so kurz und so knapp eingenäht, daß sie sich immer nach
außen wendeten, die Hose hielt nur noch aus Mitleid

zusammen, die Kappe war viel zu klein, um die Masse
des schwarzen Haares zu fassen, aber all' das war rein=
lich bis auf's Aeußerste. Der Junge hatte feste Stiefel
an und er hatte sein Haar so glatt gekämmt und mit
solchem Schwunge von der rechten nach der linken Seite
hinübergeworfen, daß man über seine offene Stirn und
seine großen schwarzen Augen die Armseligkeit seiner Klei=
dung vergessen haben würde, hätte er auch weniger frisch
ausgesehen und weniger zufrieden und vergnügt um sich
her geschaut.

„Wo rennt denn der hin?" fragte einer seiner Ge=
nossen, als er den Schwarzkopf plötzlich davoneilen sah.

„Da ist ein Wagen angekommen," meinte ein Anderer,
„nun hat er keine Ruhe. Er kann's nicht lassen, er muß
wieder mit! Sie schirren schon ab, er wird gleich da
sein!"

„Da kommt er!" rief der Eine.

„Da sitzt er!" rief der Andere.

„Hurrah!" rief ein Dritter. „Da sitzt er, der General
mit der geflickten Hose!"

„Kesselflicker!" jubelte ein kleiner Kerl, der noch nicht
acht Jahre zählte und doch auch mitmachen wollte, wie die
Großen. Aber gerade weil der Zuruf des Kleinen so
ganz unvernünftig war, gefiel er allen Uebrigen ganz aus=
nehmend, und einander überbietend so gut es immer gehen

wollte, rief man von hier und von dort, von hinten und
von vorn, von rechts und links: „Hurrah, der Kesselflicker!
der reitende Kesselflicker! Hurrah!" — und Alle schwenkten
die Mützen und liefen hinterher, denn Hermann hatte
seinem alten Gelüste auch heute nicht widerstehen können
und ritt wieder einmal mit unaussprechlichem Entzücken
die abgeschirrten Pferde des eben angekommenen Bauern-
wagens in die nächste Ausspannung.

Eine Kunstreitertruppe, die plötzlich in der Straße erschienen wäre, hätte keinen größeren Zulauf von Knaben,
kein größeres Vergnügen und keinen größeren Lärm her-
vorrufen können; aber der Held einer Kunstreitergesell-
schaft konnte auch nicht mit größerer Ruhe und Selbst-
zufriedenheit von seinem schöngeschmückten Rosse auf die
Schaar von Bewunderern herniederschauen, als Hermann
auf den Trupp seiner Verfolger.

Ohne eine Miene zu verziehen, ohne den Spottnamen
irgend welche Achtsamkeit zu gönnen, saß er ernsthaft auf
dem Gaule da, ganz erfüllt von der Wonne reiten zu
dürfen, und sehr durchdrungen von der Wichtigkeit des
von ihm übernommenen Amtes. Alles machte ihm Vergnügen: die schaukelnde Bewegung, die warme Aus-
dünstung des Pferdes, das Hinabschauen von der Höhe,
und vor Allem das Zutrauen, das der Bauer ihm geschenkt. Er zählte ordentlich die Häuser, die ihn noch von

der Ausspannung trennten, er suchte den ohnehin müden
Schritt des Thieres noch zurückzuhalten, um die Lust des
Reitens, wenn auch nur um wenige Minuten, zu verlän-
gern, denn inmitten der volkreichen Stadt, bei den allmälig aufleuchtenden Flammen der Gaslaternen überließ
der Knabe sich Vorstellungen und Wünschen, die kein
Traum ihm hätte phantastischer vor die Seele zaubern
können. Es war in seinen Augen kein Pferd auf dem er
ritt, sondern ein großes, langbeiniges Kameel, mit dem er
durch die Wüste trabte. Und er sah die Wüste deutlich
vor sich, die unermeßlich lange Sandfläche, und dann
dachte er an die Tempel und Bauten, von denen in der
Bibel steht, und an die Juden und Kananiter und an das
rothe Meer, in welchem die Egypter umgekommen sind,
und das noch immer seine Fluthen gegen die Küsten an-
spülen läßt. Und an den Nil dachte er, in dessen Schilf
die Königstochter den Knaben Moses gefunden hatte, und
er nahm sich fest vor, das Alles einmal zu sehen, wenn
er groß sein und auf die Wanderschaft gehen werde.

Es störte ihn gar nicht, als er von seinem Pferde ab-
steigen mußte. Der Stallknecht wurde ihm zum Patriar-
chen, der den Wanderer unter seinem Dache empfängt,
und hätte man ihm den Tränkeimer hingesetzt, so würde
er darin das Fußbad erblickt haben, das man dem Gaste
unter dem Zelte bereitete. Steckt doch in jedem Kinde,

das lebhaften Geistes ist, ein gut Theil von der Einbil=
dungskraft des Ritters von La Mancha verborgen, und
die Kindheit würde weit weniger glücklich sein, wenn sie
dieser gestaltenden und verschönernden Gabe ermangelte.

II.

Noch ganz mit seinem Kameele und seiner Wüsten=
wanderung beschäftigt, trat der Knabe im Dämmerlichte
in die Wohnung seiner Eltern ein, und er würde bei den
vier Treppen, die er hinaufzusteigen hatte, wahrscheinlich
auch noch an die Besteigung der Pharaonischen Bauten
gedacht haben, hätte nicht unten im Hofe der Eimer ge=
standen, den die Mutter um diese Zeit dort hinzustellen
pflegte, damit der heimkehrende Knabe ihr das Wasser
hinaufbringen und ihr somit einen Gang und das Tragen
des Eimers ersparen sollte.

Mit der Wüste hatte der Hof, auf welchem die Woh=
nung seiner Eltern in der schmalsten Straße des ganzen
engen und jetzt bei dem Bau des neuen Rathhauses völlig
niedergerissenen Stadtviertels gelegen war, freilich keine
Art von Aehnlichkeit. Er war dicht von Häusern um=
schlossen, Licht und Luft wurden ihm nur äußerst spärlich
zu Theil, dafür aber war er mit Kindern um so reichlicher

versorgt, und auch oben in der Dachwohnung des Meister
Brückner fehlte dieser Segen Gottes keineswegs. Kinder wa=
ren außer guter Laune so ziemlich das Einzige, was dort oben
im Ueberfluß zu finden war, indeß das alte Gebet: „be=
schert uns Gott viel Kinder, so bescher' er uns auch Haus,
Hof und Schaf und Rinder," war für den Meister
Brückner offenbar noch nicht in Erfüllung gegangen.

Meister aber, und zwar Schuhmachermeister, war
Herr Brückner wirklich, obschon er nur unter dem Dache
wohnte, keinen offenen Laden hatte, keinen Gesellen hielt,
und obschon es der alten zerrissenen Stiefel in seiner
Werkstatt immer eine ungleich größere Anzahl als der
neuen blanken gab. Das focht jedoch Alles den Meister
gar nicht an, denn er war ein Philosoph auf seine Weise
und wußte sich zum Guten auszulegen, was eben nicht
nach seinem Wunsche gehen wollte.

„Hätte ich einen großen Laden und müßte ich viel
Gesellen halten, so hätte ich auch mehr Aerger," sagte er.
„Heute würde mir der Berliner Verdruß machen und
morgen der Breslauer, denn wir Schuster sind ein aparter
Menschenschlag und hauen leicht über die Schnur, so lange
wir noch jung und ledig sind. Jetzt ärgert mich Niemand
als bisweilen Frau und Kinder, und was die Letzteren
anbetrifft" — er hob bei dieser Stelle seiner Reflexionen
regelmäßig den Knieriem in die Höhe und schwang ihn

in der Luft — „so schafft der Rath und Ordnung. Satt geworden sind wir ja noch alle Tage, es ist auch meisthin noch Etwas übrig geblieben für Einen, der es nicht so hat wie wir. Und in einem andern Viertel wohnen, wo in den breiten Straßen im Sommer die Sonne und im Winter der Wind so hausen, als wären die Straßen blos dazu angelegt, daß man Hitze und Kälte darin aussteht, das möchte ich erst recht nicht; wenn wir auch unsern Kandidaten gar nicht hätten und all' die Nachbarn hier herum, und wenn das Bier hier beim Wagner nicht besser wäre, als in der ganzen Stadt. Es soll mal Einer kommen und mir sagen, was uns fehlt!"

In solchen Stunden fehlte auch Niemandem Etwas von Allen denen, welche in der Stube und in der Kammer, die des Meisters Wohnung und Werkstatt bildeten, ihr Wesen trieben, und deren Zahl war nicht klein, denn der Meister hatte seine Frau und fünf Kinder und hatte seinen Burschen. Aber er gehörte zu den liebevollen Herzen, die nicht genug fröhliche Menschengesichter um sich sehen und nicht leben können, ohne zu sprechen und sprechen zu hören; denn das war eine ausgemachte Sache bei dem Meister: ein gutes Wort beim Essen salzt und schmalzt die Suppe.

Als Hermann seinen Eimer voll Wasser in der Küche auf die Bank gestellt hatte und in die Stube eintrat,

merkte er augenblicklich, daß der Vater heute ganz beson=
ders gut aufgelegt sein müsse. Er saß nicht auf dem
Schemel in der Werkstatt, sondern an dem Tisch in der
Stube und die Kinder waren alle vier rund um ihn her,
während die Mutter mit ihrem Strickzeug am Ofen in
der Ecke saß.

Solche Arbeitspausen gönnte der Meister sich an
Wochentagen selten und nur wenn eben einmal ein unge=
wöhnlicher Verdienst in Aussicht stand, ein Verdienst, bei
dem die Mutter und die Kinder, so weit diese Letzteren
dazu fähig waren, sich in Planen und Wünschen und
Hoffnungen ergingen, und bei welchem der Vater zu sagen
pflegte: wenn solche Einnahmen öfter kommen wollten, so
möchte er auch noch einmal Etwas an sich wenden und
sich einen neuen Mantel machen lassen, wenn er nicht doch
noch lieber einmal zu seinem Bruder nach Pritzwalk reisen
thäte, der dort Bäcker war, und dem Nichts abging in
seinem eigenen Hause, das er vor ein paar Jahren sich
neu ausgebaut.

„Na, wo hat Er sich denn wieder den ganzen ausge=
schlagenen Nachmittag herumgetrieben?" fragte der Meister,
als er Hermanns ansichtig wurde, und der Knabe wußte,
daß es gute Zeiten waren, wenn er auf solche Weise mi
einem Er angeredet wurde.

„Herumgetrieben hab' ich mich nicht, Vater! ich war in der Klosterstraße bei den Gänsen."

„Und was hat Er denn da gethan?" fuhr der Vater fort.

Indeß Hermann ließ es länger keine Ruhe, und ohne seinen Vater darauf zu antworten, fragte er: „Wie lange muß man wandern, bis man an die Wüste kommt?"

„Was?" fragte der Meister, der seinen Ohren nicht traute.

Hermann glaubte, sich nicht deutlich genug ausgedrückt zu haben, und fragte also mit großer Bestimmtheit: „Aus welchem Thore muß man gehen, wenn man nach der großen Sandwüste will, und wie lange muß man wandern, bis man hinkommt?"

Der Meister lachte hell auf. „Und das weiß der dumme Junge nicht?" rief er.

In dem Augenblicke setzte die Mutter das Talglicht auf den Tisch, und der Vater gewahrte, mit welchen verwunderten Augen sein Aeltester ihn ansah. Das aber machte ihm gerade Vergnügen und er wiederholte: „Das weißt Du also wirklich nicht?"

„Nein! Das weiß ich nicht!" versetzte der Knabe, dem es ernst war mit seinen Gedanken, und der sich also in des Vaters spottende Weise, hinter der er irgend eine Enttäuschung ahnte, nicht zu finden wußte.

„Na!" sagte der Meister, „dann warte bis der Winter
vorbei ist und der Schnee zerschmolzen. Dann mach' Dich
einmal Sonntags um eilf Uhr Morgens auf den Weg —"

Der Knabe blickte mit seinen großen Augen unver=
wandt den Vater an, den die Achtsamkeit des Sohnes
nur noch in seiner schalkischen Laune bestärkte, so daß er
eine ernsthafte Miene annahm und ernst und feierlich
sagte: „Mach' Dich Sonntags um eilf Uhr Morgens auf
den Weg — aber der Tag muß recht hell und es muß
mitten im Sommer, Ende Juli oder Anfangs August sein
— und dann geh' die Friedrichsstraße hinab durch das
Halle'sche Thor, immer weiter vorwärts durch die ganze
Hasenheide, und wenn Du da hindurch bist, dann mar=
schire nur noch ein Endchen vorwärts, und dann sieh'
Dich um — und bleibe eine Weile stehen —"

Hermann hörte mit der höchsten Spannung zu.

„Dann sieh' Dich um — und dann bleibe eine Weile
stehen, und wenn Dir dann die Sonne auf den Kopf brennt
und der Schweiß über den Rücken herunterläuft — na! dann
bist Du in der großen Sandwüste und wirst Dein Theil
Hitze ausgestanden haben. Danach brauchst Du nicht erst
lange zu laufen, dummer Junge!"

Der Vater lachte hell auf, die Mutter stimmte mit
ein, weil sie den Vater so vergnügt sah, und die andern
Kinder lachten, weil sie die Eltern lachen hörten und weil

vom Sommer und von dem Kiefernwalde die Rede war,
der die Hasenhaide genannt wird, und nach welchem man
im Laufe des Sommers wohl einmal einen Spaziergang
zu machen pflegte. Hermann aber lachte nicht, sondern
schlich beschämt davon, um draußen in der Küche, wie es
seines Amtes war, das Holz und den Torf für die Feue=
rung des nächsten Morgens klein zu schlagen.

III.

Nichts wirkt schmerzlicher auf das Gemüth eines Kin=
des als Spott; gerade zu diesem war aber der Meister
immer aufgelegt, wenn er sich guter Laune fühlte, und
das stille, ernste Wesen seines Aeltesten bot ihm dann
meist die Zielscheibe für seine Einfälle dar. So kam es,
daß Hermann, obschon er den Vater lieb hatte, doch eigent=
lich eine Scheu vor ihm hegte und selten einmal sich das
Herz faßte, frei heraus mit ihm zu reden und zu verkehren.
Lag ihm etwas im Sinne, trug er einen Gedanken mit
sich herum, so brachte er ihn wohl gelegentlich bei der
Mutter zum Vorschein, wenn er diese gerade einmal bei
einer ruhigen Arbeit in der Küche ganz allein fand, seine
eigentliche Zuflucht war aber doch der Kandidat, und auf
dessen Ankunft vertröstete der Knabe sich auch an diesem
Abend.

Indeß es schien, als wolle dieser heute nicht kommen.
Sechs Uhr war lange vorüber, es war nahezu sieben, und
die Mutter hatte schon in der Küche die Wurstsuppe auf=
gesetzt, die sie Freitags Abend vom Schlächter holen zu
lassen pflegte, um sie nach Bedürfniß verdünnt, der Fa=
milie als Leckerbissen zu den Kartoffeln aufzutischen, aber
der Kandidat war noch nicht da!

Er hat die Tage viel zu thun gehabt, dachte Hermann,
nun wird's ihm auch nicht fehlen. Er hat gewiß noch
einmal bei sich heizen lassen und bleibt zu Hause, oder er
ist am Ende gar zum Wagner zu Bier gegangen.

Er seufzte bei den Vorstellungen. Zwar gönnte er dem
Kandidaten seine warme Stube und auch sein Glas Bier
beim Wagner von ganzem Herzen, aber er hätte ja das
Beides auch an einem andern Tage genießen können, nicht
gerade heute, wo der Knabe ihn so nothwendig zu sprechen
hatte. Je weiter der Zeiger an der Schwarzwalder Ku=
kuksuhr über die römische Sieben hinausschritt, je lebhafter
wurde der Kampf in Hermanns Seele. Freiheit zu kom=
men und zu gehen hatte er so viel er wollte. Er konnte
einmal zum Wagner hinlaufen und nachsehen, ob sein
Freund nicht dort wäre; aber er wußte nicht, was er ihm
sagen sollte, wenn er ihn dort träfe, oder unter welchem
Vorwande er in das Bierhaus eintreten sollte, in welchem
er jetzt eben nichts zu holen und zu thun hatte. Nach

der Wohnung des Kandidaten zu gehen, das wäre viel
leichter gewesen, nur daß dieser es nicht leiden mochte,
wenn man ohne seine Erlaubniß zu ihm kam, und ärgern
und erzürnen mochte er Herrn Plattner von allen Menschen
gewiß am wenigsten.

Während er noch so mit sich zu Rathe ging, kam
Etwas langsam die Treppe herauf, und das scharf ge=
spannte Ohr des Knaben erkannte den Tritt seines Freun=
des. Nun stieg derselbe die letzten Stufen hinan, nun
stand er an der Thür und holte Athem, denn das Treppen=
steigen fiel ihm schwer, und er liebte es nicht, athemlos
in ein Zimmer einzutreten, weil das gegen den An=
stand war.

Anständig aber war Alles an dem Kandidaten, ja
mehr als das, es war etwas Feierliches in seiner ganzen
Art und Weise, in seiner Haltung, wie in seiner Stimme.
Er machte die niedrige Thür leise auf, trat vorsichtig ein,
denn weil er sehr groß war, mußte er sich bücken, um
nicht mit dem Kopfe anzustoßen, und sagte mit klangvollem
und freundlichem Tone: „Guten Abend, Meister Brückner!
Ich wollte doch einmal sehen, wie es Ihnen geht."

Die Meisterin stand augenblicklich von ihrem Stuhle
auf, der eine alte ausgesessene Polsterung hatte und des=
halb für sehr bequem galt, und rückte ihn mit einer höf=
lichen Einladung, sich niederzulassen, dem Kandidaten hin.

Der aber bediente sich des Sessels nicht eher, bis der Vater ihm aus der Kammer von seinem Schemel her seinen guten Abend zurückgab und mit seiner tiefen kräftigen Stimme hinzufügte: „Es ist gut, daß Sie wieder einmal da sind, Herr Plattner! Nehmen Sie gefälligst Platz!"

Das war der Willkomm, der sich regelmäßig wiederholte, wenn der Kandidat am Mittag oder Abend vorsprach, und es gab eben nicht viele Tage, an denen das nicht der Fall gewesen wäre. Aber wie er nie vergaß, sein Kommen in gewissem Sinne zu entschuldigen, so schien der Meister es immer völlig zu vergessen, daß sein Gast eben erst da gewesen sei, denn Beide hatten jenes Zartgefühl, dem man nirgends häufiger begegnet, als in den Klassen der Bedürftigen, die es gelernt haben, was Entbehrung und was Beistand sei. Hatte man diese Einleitung in ihrer hergebrachten Form beseitigt, so gewann die Unterhaltung einen freiern Fluß, und auch heute rief der Meister dem Kandidaten zu, was er denn Neues bringe?

„Arbeit! Meister Brückner! Nichts als Arbeit!" versetzte dieser in gemessenem Tone, „und zwar so viel Arbeit, daß ich glaube, Ihr werdet mich lange nicht zu sehen bekommen!"

„Nun, nun! so schlimm wird's wohl nicht werden!"

meinte der Meister, der es wußte, daß der Kandidat jetzt
kein großer Freund der Arbeit mehr war, und daß er sie
daher immer überschätzte, wenn er sie einmal vor sich
hatte. „Die Arbeit ist wie ein Kerl," rief er dem Gaste
zu, „wie ein Kerl, der sich vor Einem breit macht; rückt
man ihr ordentlich auf den Leib, so duckt sie sich zusammen
und man kriegt sie unter."

Er lachte herzlich über seinen Witz, der Kandidat nickte
ruhig mit dem Kopfe und da inzwischen die älteste Tochter
die Teller hingestellt und die Mutter das Brod und die
Suppe mit den Kartoffeln aufgetragen hatte, so stand der
Vater von der Arbeit auf, Alle setzten sich an den Tisch,
und an seinen letzten Ausspruch anknüpfend, sagte der
Meister: „Einen unter zu kriegen, das werden Sie doch
nicht verlernt haben, Herr Plattner, das haben Sie Ihrer
Zeit doch gar zu gut verstanden."

Er lachte wieder, die ganze Familie ließ es sich nicht
nehmen, in seinen Frohsinn einzustimmen, und Jeder blickte
dabei den Kandidaten freundlich an, denn Alle, selbst der
Lehrjunge, der am untern Ende des Tisches seine Mahl=
zeit, wie es der Brauch war, stehend einzunehmen hatte,
wußte, worauf es mit der Bemerkung des Meisters abge=
sehen war, und Alle warteten darauf, die Erzählung noch
einmal zu hören, wie der Kandidat und der Meister
Freunde geworden waren. Aber der Kandidat ließ für

diesmal ausnahmsweise die alte Erinnerung nicht auf=
kommen, er schien einmal in der Gegenwart etwas zu
haben, was ihm Freude machte, denn sein blasses Antlitz
hatte einen Anflug von Röthe, und mit seinen tiefliegenden
Augen freundlich umhersehend, sagte er, des Meisters An=
spielung nicht beachtend: „Wie die Zeit doch vergeht!
Wenn ich den Burschen, den Hermann, so vor mir sitzen
sehe, kommt es mir oft ganz unglaublich vor, daß es
morgen schon zwölf Jahre her sind, seit ich ihn aus der
Taufe gehoben habe!"

Man wußte nicht recht, was ihn auf diese Bemerkung
brachte oder wie es zuging, daß er sich des Tauftages so
genau erinnerte. Die Eltern hatten seitdem schon viermal
taufen lassen und waren froh, wenn sie nur die Geburts=
tage der Kinder im Kopfe behielten.

„Woher wissen Sie denn, Herr Kandidat," fragte der
Vater, „daß gerade morgen des Jungen Tauftag ist?"

„Ich bin ihm sein Pathengeschenk schuldig geblieben!"
antwortete Plattner mit der Verlegenheit, die etwas Cha=
rakteristisches an ihm geworden war, „aber vergessen habe
ich es nicht."

„O!" rief die Mutter, „deswegen machen Sie sich
keine Sorgen, wir sind ja auch ohne das durchgekommen,
und daß Sie den Hermann nicht vergessen werden, wenn

Sie es einmal übrig haben, darauf kennen wir Sie ja, Herr Plattner."

„Das hoffe ich Ihnen zu beweisen, Madame Brückner, und zwar recht bald!" erwiederte der Kandidat. „Hermann! wünsche Dir einmal, was Du am allerliebsten haben möchtest."

Der Knabe sah verwundert empor, er war dergleichen Freiheit nicht gewohnt.

„Nun, mein Sohn," wiederholte Herr Plattner, der immer freundlicher aussah, „wünsche Dir Etwas, Etwas wonach Dein Herz begehrt."

Es war dem Knaben, als sei er in eine Märchenwelt versetzt. Er blickte zu Vater und Mutter hinüber, er sah die Geschwister, sah den Lehrling an, ob sie sich nicht verändert hätten, er betrachtete den Kandidaten, ob mit diesem keine Verwandlung vor sich gehe, ob dessen grauer Rock sich nicht in einen Königsmantel, seine alte eiserne Gabel sich nicht in ein goldenes Scepter verwandle, und da von dem Allem Nichts geschah, faßte er sich ein Herz und sagte: „Ich möchte ein Buch haben, in welchem von der Wüste zu lesen steht." — Er wollte abbrechen, aber es mochte ihm einfallen, daß es ihm sobald nicht wieder so gut geboten werden dürfte, und daß er lieber gleich ordentlich wünschen müsse, wenn es ihm einmal vergönnt würde es zu thun, er setzte also schnell hinzu: „Und von

den Kameelen und von den Arabern, und wie man dort=
hin kommt."

„Ist denn der dumme Junge verrückt?" rief der Vater.

„Weiß sich der dumme Junge denn gar nichts Ver=
nünftiges zu wünschen, wenn der Herr Pathe denn nun
doch einmal so gut sein will?" schalt die Mutter.

Indeß Herr Plattner sagte: „Das sollst Du haben,
lieber Sohn, sobald ich meine Arbeit an den Herrn Ge=
heimrath abgeliefert habe, und ich verspreche Dir, es soll
nicht lange währen bis dahin."

„Aber, Herr Kandidat!" fiel die Mutter ihm in die
Rede, „haben Sie doch ein Einsehen. Der Winter ist
vor der Thüre. Der Junge hat kein ordentliches Stück
auf dem Leibe, und Holz und Torf haben den letzten
Heller hingenommen. Bücher sind ja doch zu gar nichts
nütze. Bücher sind ja doch nur für Denjenigen, der alles
Andere hat oder der studiren will. Aber wer nicht Rock,
nicht Hose hat —"

„Soll Dir der Herr Kandidat nicht vielleicht alle
Fünfe gleich bekleiden, und Dir auch noch einen Pelzrock
machen lassen?" wendete der Meister mit schneller Ab=
wehr ein.

Die Meisterin, der im Herbste die Sorgen gar zu
schwer auflagen, wollte erst über die Zurechtweisung ver=
drießlich werden, sie besann sich indessen eines Besseren,

und wie Kinder, wenn sie sich eines Unrechts bewußt sind, in der Regel von einem Gegenstande zu sprechen anfangen, der mit der Ursache ihres bösen Gewissens möglichst wenig Zusammenhang hat, fragte auch sie: „Was haben Sie denn zu arbeiten, Herr Kandidat?"

Sie rechnete dabei im Grunde auf keine Antwort, denn Plattner pflegte allen Fragen, die sich auf seine persönlichen Verhältnisse bezogen, regelmäßig auszuweichen. Diesmal jedoch wich er von seiner Gewohnheit ab. „Ich habe für den Geheimrath — er nannte den Namen desselben — ein großes Werk zu excerpiren."

Die Meisterin hatte keine Vorstellung, was das sagen wolle. Sie begnügte sich also mit der Erkundigung, ob Herr Plattner den Herrn Geheimrath schon lange kenne.

„Er ist mein Universitätsfreund," versetzte Plattner.

„Und der ist schon Geheimrath?" rief die Mutter aus, die heute einmal, wie der Meister das nannte, ihren Unglückstag hatte und nicht eine Fliege fortjagen konnte, ohne einen Menschen dabei an den Kopf zu schlagen.

Der Meister machte ihr ein Gesicht, vor dem sie sich abwendete. „Was ist denn da zu verwundern?" fragte er. „Wenn der Herr Kandidat nicht nach Rußland gegangen wäre, so würde er ja auch schon lange Consistorialrath und wer weiß was noch sein, und darum sage

ich ja eben, daß der Junge, der Hermann, nicht immer
von dem Wandern reden soll."

„Er will ja aber nicht nach Rußland wandern, sondern
in die Wüste!" wendete die Mutter ein, die nun anfing,
ihren Kopf aufzusetzen, weil der Mann ihr stets das Wort
abschnitt, „er will ja auch nicht Hauslehrer werden, wie
der Herr Kandidat es gewesen ist. Er kann ja in Gottes
Namen Schuster werden, so gut wie Du, und wenn er
dann durchaus in die Wüste wandern will —"

„Soll er da vielleicht den Kameelen und Straußen die
Stiefel versohlen?" rief der Meister lachend dazwischen,
offenbar erfreut, dem ganzen Gespräche ein Ende zu
machen, und seine Kenntniß von den Zuständen der Wüste
und damit seine große Ueberlegenheit über seine Frau
darzuthun, die mit dem Worte Wüste nicht die geringste
Vorstellung verband.

Während dieses Wortwechsels hatte der Kandidat seine
Suppe ruhig ausgegessen, und dann mit einem Wink Her-
mann veranlaßt, ihm seine schriftliche Lektion vorzulegen.
Das war für die Mutter das Zeichen, den Tisch abzu-
räumen, und für die anderen Kinder der Augenblick, ihre
Bücher und Hefte ebenfalls herbei zu holen.

Der Vater bot eine gesegnete Mahlzeit und ging in
die Werkstatt zurück, denn es galt kein Feiern, wenn er
einmal neue Arbeit hatte, die Mutter nahm noch ihr Näh-

zeug vor und der Kandidat berichtigte und erklärte den Kindern, was sie eben bedurften.

Als man damit fertig war, zog Hermann aus der engen Tasche seiner geflickten Hose ein vergilbtes beschriebenes Stück Papier hervor. „Herr Kandidat," sagte er, „überhören Sie mich doch einmal!" und mit lauter deutlicher Stimme deklamirte er:

Nehmt hin die Welt! rief Zeus von seinen Höhen
Den Menschen zu; nehmt, sie soll Euer sein!
Euch schenk' ich sie zum Erb' und ew'gen Lehen;
Doch theilt Euch brüderlich darein.

Da eilt, was Hände hat, sich einzurichten;
Es regte sich geschäftig jung und alt,
Der Ackersmann griff nach des Feldes Früchten,
Der Junker birschte durch den Wald.

Der Kaufmann nimmt, was seine Speicher fassen,
Der Abt wählt sich den edlen Firnewein,
Der König sperrt die Brücken und die Straßen,
Und sprach: der Zehente ist mein.

Ganz spät, nachdem die Theilung längst geschehen,
Naht der Poet, er kam aus weiter Fern'.
Ach! da war überall nichts mehr zu sehen,
Und Alles hatte seinen Herrn.

Weh mir! So soll ich denn von Allen
Vergessen sein, ich, dein getreuster Sohn?
So ließ er laut den Klageruf erschallen, —

damit endete die Deklamation, denn die in großer und
ungelenker Handschrift beschriebenen zwei Seiten gingen
damit zu Ende, und die Meisterin und die jüngeren Kinder waren mit diesem Abschluß auch vollständig beruhigt,
nur der Vater rief aus der Kammer sein: „Na, nur
weiter!" heraus, und war mit der Erklärung, daß Hermann das Gedicht nur bis zu diesem Punkt könne, nicht
wenig unzufrieden. Er sollte sich rechtfertigen, warum er
nicht weiter gelernt, denn zu Ende sei ja das Gedicht
ganz offenbar noch nicht, und da der Meister selten eine
Gelegenheit vorübergehen ließ, bei welcher er einen Ver-
weis und eine gute Lehre geben konnte, fügte er augenblicklich hinzu: „Daß man es zu Nichts bringt, wenn man
zu spät kommt, das ist übrigens nichts Neues; und wer
Etwas anfängt und führt's wie Du nicht einmal zu Ende,
der ist erst gar nichts nütze."

„Ich habe nur das eine Blatt gefunden," entschuldigte
sich der Knabe. „Die Wolle, die ich heute früh für die
Wernerin holen mußte, war darin eingewickelt."

„Ach, Unsinn!" schalt der Meister, der keinen Widerspruch ertrug, „wenn Du das Eine gefunden hast, so
hättest Du Dir das andere Blatt auch suchen können,
wenn's Dir Ernst damit gewesen wäre, etwas Ordentliches zu lernen. Aber der Junge hat keine Ausdauer,
gar keine Ausdauer! Na! warte Du nur! wenn ich Dich

erst hier auf dem Schemel und vor dem Knieriem haben
werde!"

Hermann stand schweigend da. Er hatte sich ein Lob
und eine Freude mit seiner Deklamation zu bereiten ge=
hofft, und erntete einen Tadel, den er nicht zu verdienen
glaubte.

Dem Kandidaten that der Knabe leid. „Lassen Sie's
gut sein, Meister Brückner!" sagte er, „der Hermann soll
den Rest morgen nachliefern. Es ist ein Gedicht von
Schiller, das er da gelernt hat, und das Blatt, welches
er gefunden, stammt offenbar aus einem Schulhefte her.
Ich will es ihm morgen diktiren und dann kann er's zu
Ende lernen."

Der Meister fragte, ob Herr Plattner das Buch be=
sitze. Das verneinte dieser; er könne das Gedicht aus=
wendig, sagte er.

„Ja, Herr Kandidat," meinte der Meister, „da könnten
Sie's wohl einmal an uns wenden, wie's doch der Kantor
und der Pfarrer mit der Gemeinde machen; Sie könnten's
wohl vorsprechen, daß wir's hörten und es doch zu Ende
wüßten."

Plattner erklärte sich dazu bereit. Mit seiner weichen
Stimme begann er das Gedicht von Neuem und dekla=
mirte es mit unverkennbarer Befriedigung von Anfang
bis zu Ende. Die ganze Familie hörte lautlos zu, und

durch das Halbdunkel und die Stille der engen Schuster=
wohnung drangen die mit großer Weihe gesprochenen
Worte Schillers wie Glockenklang und Lichterglanz in die
Herzen ein.

Als er die letzten Worte gesprochen hatte, erhob sich
Herr Plattner. Er war selbst gerührt. Es mochte lange
her sein, daß diese Verse nicht über seine Lippen gekom=
men waren. Er sagte, es sei spät, und er wolle gehen.

Hermann drängte sich an ihn heran. Er wollte ihm
hinunter leuchten, um ihm den gehabten Genuß nach
Kräften zu lohnen. Der Meister jedoch wendete sich von
seinem Schemel zu dem Kandidaten und rief: „Vergessen
Sie uns nicht, Herr Plattner! Es heißt bei uns, wie bei
dem Schiller: so oft Du kommst, es soll Dir offen sein!"

Auch die Meisterin nöthigte zum Wiederkommen freund=
licher als es sonst bisweilen von ihrer Seite geschah. Und
als der Kandidat das Zimmer verlassen hatte, machte sie
die Bemerkung: „So viel als der ißt, bleibt auch noch
übrig, wenn's recht eingetheilt wird, und man spart's am
Schulgeld."

Es war mit dem Gedichte Schiller's noch ein ganz be=
sonderer Geist der Freundschaft und der Liebe in der engen
Wohnung eingekehrt.

———

IV.

Der Meister und der Herr Kandidat kannten sich schon lange. Sie waren beide junge Leute gewesen und noch nicht lange aus dem Felde zurückgekehrt, als sie im Jahre achtzehnhundertsechszehn in Halle zum erstenmale aufeinander getroffen waren.

Brückner wanderte dazumal noch, weil er gleich nachdem er Geselle geworden, in's Feld gezogen war und sich nach dem Frieden in der Welt noch umsehen und Etwas lernen wollte, ganz abgesehen davon, daß er sich nach dem rührigen Soldatenleben nicht gleich entschließen konnte, sich in der engen Werkstatt festzusetzen. So kam er denn nach Halle an der Saale, wo es zu jener Zeit sehr viel Studenten und also auch sehr viel Arbeit für den Handwerker gab. Die Mehrzahl der Studenten hatte ebenfalls die Feldzüge mitgemacht, und die Meisten waren deshalb älter, als man es sonst auf den Hochschulen gewohnt war. Der Ernst der vorhergegangenen Jahre und die Erfahrungen des eigenen Lebens hatten die Besseren unter ihnen gereift, und der Sinn der Studirenden war also in jenen Tagen überhaupt auf große Dinge und Zwecke, nicht auf thörichte Aeußerlichkeiten und wüsten Genuß gerichtet gewesen.

Um so unruhiger waren aber die Handwerksgesellen

geworden. Sie konnten sich nicht darein finden, daß sie nun im Arbeitsrock nicht mehr von den Soldaten als ihresgleichen behandelt wurden, daß die Soldaten nun vor dem Civilisten, der in Reihe und Glied mit ihnen im Kugelregen gestanden, Etwas voraus haben und etwas Besonderes sein sollten, und wo Soldaten und Gesellen an einander geriethen, fehlten Händel selten, und waren Schlägereien meist ihr Ausgang.

Zu einer solchen Schlägerei war es denn auch einmal in Halle auf einem Tanzboden vor den Thoren gekommen. Die Soldaten hatten als Soldaten ihr prae haben wollen, die Gesellen verweigerten es ihnen, und Brückner, der Berliner, der sich mit seiner Suada eben so viel wußte, als mit seinem stämmigen Körper und mit seinen derben Fäusten, war der Erste und der Vorderste, als es daran ging, die Soldaten aus dem Tanzsaal zu vertreiben, das heißt, sie hinaus zu werfen. Die Soldaten konnten und durften es nicht ertragen, daß man Hand an sie legte, denn sie trugen ihres Königs Rock; sie zogen also vom Leder und schlugen darauf los. Die Gesellen griffen zu den Stöcken, Stuhlbeine waren auch bald zur Hand, und in dem wilden Durcheinander, das dem ersten Angriff folgte, kehrte der Ingrimm der Soldaten sich besonders gegen den Berliner, der wie toll und blind um sich schlug und die Gesellen anfeuerte, nicht vom Platze zu weichen.

Aus der Stube waren die Streitenden und Kämpfen=
den bereits in den Garten hinausgekommen, nnd ein Fü=
silier=Gefreiter holte eben mit aufgehobenem Arme gegen
Brückner aus, als vorübergehende Studenten zwischen die
Ergrimmten traten. Ein langer Burschenschafter fiel dem
Gefreiten in den Arm, denn er gewahrte, daß derselbe die
blanke Waffe gegen einen Waffenlosen brauchte. „Kame=
rad!" rief er, „ehrlich Spiel! Was machst Du da? Das
sind ja nicht die Franzosen, das sind ja Landsleute! Nimm
Vernunft an!"

Ein Mensch, den man mitten im Laufe fest hält und
zum Stillstehen nöthigt, kommt nicht so schnell wieder in
den Zug, und wenn man sich plötzlich in dem Ergusse
seines Zornes gehemmt findet, ist es gar nicht leicht,
gleich wieder von vorn anzufangen, wenn man es auch
wollte. Der Füsilier hielt inne, aber Brückner riß dem
Gefreiten die Epauletten herunter und schlug gerade in
dem Augenblick mit solcher Gewalt auf ihn los, daß der
Soldat zu Boden stürzte und man glaubte, es sei aus
mit ihm.

Das war Brückners Unglück. Die herbeigeholte Wache
trug den Gefreiten fort, die übrigen bei der Schlägerei
betheiligten Soldaten und Gesellen suchten sich aus der
Sache zu ziehen und machten sich aus dem Staube. Nur
Brückner wurde als der eigentliche Händelstifter und

Rädelsführer, und weil er des Königs Uniform beleidigt, festgenommen. Wenn der lange Studiosus Plattner bei der Untersuchung auch bezeugte, daß der Gefreite die blanke Waffe gegen einen Waffenlosen geführt, so mußte er doch zugeben, daß der Geselle Jenem die Epauletten abgerissen und ihm die schwere Verwundung beigebracht, als der Füsilier sich zurückzuhalten angefangen. Das brach dem Gesellen den Stab und mit dem Wandern war es nun ein für allemal vorbei.

Zwei Jahre mußte er in Stralsund auf der Festung sitzen, und als er dann freigelassen wurde, arbeitete er noch Jahre und Jahre bald bei diesem, bald bei jenem Meister, bis er sich endlich in Berlin niederließ und seine Braut zur Frau nahm, die lange auf ihn gewartet hatte.

Ganz jung waren sie nun Beide nicht mehr, aber er verstand zu arbeiten und sie zu sparen, und sie hatten schon über ein volles Jahr in aller Zufriedenheit mit einander gelebt, als der Meister einmal mit seiner Frau an einem Sonntag Nachmittag im besten Aufputz durch die Königsstraße spazierte. Es war ein heißer Tag und die Straße war sehr leer. Wer nicht eben zu Hause bleiben mußte, hatte sich bei dem schönen, hellen Wetter zum Thore hinaus gemacht, und der Meister hätte das auch sehr gern gethan, nur daß die Frau damals nicht recht fort konnte, weil sie bald niederkommen sollte. Sie gingen

Straße auf und ab und wollten sehen, wie weit sie ge=
langen würden, und der Meister, der sich doch am Sonn=
tag nicht behaglich fühlte, wenn er nicht ein Extravergnügen
hatte, fing an, von seiner Festungszeit zu erzählen, weil
er sich heute an der Seite seiner Frau wieder einmal wie
eingesperrt erschien. Er sprach von Stralsund und von
dem Festungskommandanten, und dann sprach er auch von
Halle und wie er dort ohne seine Schuld in das Unglück
gerathen und nur durch einen Zufall dem Tode entronnen
sei. „Denn,“ sagte er, „wäre der Student nicht auf dem
Platze gewesen, wie einen Kürbis hätte der Kerl, der Fü=
silier mir den Schädel gespalten. Ohne den Studenten
lebte ich nicht mehr, und ich habe mir oft gewünscht, ihn
noch einmal zu sehen, um ihm danken zu können, was er
damals an mir gethan hat.“

Die Frau meinte darauf, ob Brückner den Studenten
auch wieder erkennen würde, weil er ihn doch nur in dem
Streite und nachher zum andern Male vor Gericht ge=
sehen habe. Das nahm der Meister aber übel. „Ich
sollte ihn nicht wieder erkennen,“ rief er, „den Menschen,
der mir das Leben gerettet hat! So und so oft habe ich
von ihm geträumt. Unter einer Million Menschen wollte
ich den herauskennen!“

Kaum aber hatte er diese Worte ausgesprochen, so
blieb er plötzlich stehen, sah starr zu einem Manne hin=

über, der auf der andern Seite der Straße ging, und rief erschreckend aus: „Wie ist mir denn!" Dann lief er über den Fahrweg, hielt den Fremden an und sagte: „Herr Studiosus! aber Herr Studiosus! wie kommen Sie denn jetzt hierher? Eben habe ich von Ihnen ge= sprochen. Sehen Sie mich doch an, ich bin ja der Brückner, sehen Sie mich nur an! Kennen Sie mich denn nicht mehr? Ich habe ja eben erst von Ihnen ge= sprochen!"

Der Angeredete hielt in seinem Gange inne. Er war ein Mann von acht= oder neununddreißig Jahren, groß und mager, aber von festem Bau; das verriethen schon seine starke Nase, die feste Stirn und sein starkes Kinn, welche dem Gesicht etwas Charaktervolles gaben. Den= noch sah es nicht hart und nicht strenge, sondern recht eigentlich melancholisch aus, und nun der Meister dicht vor ihm stand und dem Fremden in das bleiche Antlitz sah, wurde er doch zweifelhaft, ob er sich nicht in der Person geirrt. Er nahm daher den Hut ab und sagte mit beginnender Verlegenheit: „Nichts für ungut, wenn Sie's vielleicht nicht sind, Herr Studiosus! Aber erin= nern Sie sich denn nicht mehr, wie die Füsiliere gegen uns blank zogen und wie Sie dem Gefreiten Menzel in den Arm fielen? — Ih, Sie sind's ja aber, da haben Sie ja die Schmarre auf der Backe! Na, versteht sich's,

daß Sie's sind! Ich bin ja der Brückner, der Berliner,
Herr Studiosus!"

Der Angeredete hatte sich während dessen offenbar
nicht nur des Vorganges, sondern auch des Menschen erinnert, aber er hatte keinen Anlaß gehabt zu einer so aus-
giebigen Freude, als der Meister sie bewiesen, und er
mochte die Fähigkeit für eine solche auch verloren haben.
Er gab indessen dem Meister freundlich die Hand, erkundigte sich nach seinem Ergehen und wollte sich danach
entfernen. Dies ließ der Meister indeß nicht zu. Denn
er war es während ihrer Unterhaltung inne geworden,
daß ein großer Wechsel in dem Aussehen seines einstigen
Beschützers vor sich gegangen war. Er hatte nichts mehr
von der Frische des ehemaligen Studenten, er sah, so
sauber sein Rock und seine ganze Kleidung auch gehalten
waren, doch heruntergekommen und dürftig, er sah sorgen-
voll und niedergeschlagen aus, und der Meister, obschon
er sich ein Gewissen daraus machte, hatte einen Augenblick,
in dem er sich darüber freute, denn er fühlte sich ihm dadurch mit einem Male merklich näher gebracht.

„Nein!" rief er, „so kommen Sie mir nicht fort, Herr
Studiosus! Sie müssen sehen, wo ich wohne. Meine
Frau läßt sich's nicht nehmen, Sonntags einen ganz aparten Kaffee zu kochen, und wenn Sie sich nicht zu vornehm
halten mit unser Einem eine Tasse zu trinken, so könnte

ich dabei doch gleich erfahren, wie Sie hierher gekommen
sind und wie lange Sie hier zu verbleiben gedenken."

Es lag so viel Herzlichkeit in der Bitte des Meisters,
die Frau fing auch an zu nöthigen, und der ersehnte Gast
gab endlich, wenn auch nur widerstrebend, nach.

Erst als sie sich oben in des Meisters Wohnung be=
fanden, und der Gast den Platz am Tische eingenommen
hatte, wagte der Meister zu fragen, welchen Titel er dem
Herrn Plattner denn jetzt zu geben habe, denn Studiosus,
wie er ihn in seines Herzens Freude genannt habe, werde
er jetzt wohl nicht mehr sein.

„Ich bin Kandidat, lieber Meister!" versetzte Plattner,
aber er seufzte dabei, und je länger Brückner ihn betrach=
tete, um so mehr sah er, daß die erste Voraussetzung ihn
nicht getäuscht habe und daß der Kandidat sich nicht in
den besten Verhältnissen befinden müsse. Auch der Frau
fiel es auf, mit wie ungewöhnlichem Behagen ihr Gast
den Kaffee und die zu seiner Bewirthung eigens herbei=
geschafften Zwiebacke verzehrte. Sie dachte in ihrem
Sinne, er müsse lange nicht so etwas Gutes genossen
haben. Wem eine gutmüthige Frau aber eine Erquickung
bereiten kann, zu dem faßt sie ein Herz, und sie war es
denn auch, welche es an jenem Abend herausbrachte, daß
es mit Herrn Plattner nicht wohl bestellt sei. Er erzählte,
daß er nach seinem Examen Hauslehrer in Rußland ge=

wesen, daß er nun schon einige Jahre in Berlin sei und
wohl auch in Berlin verbleiben werde. Auf die Frage,
warum er denn noch keine Pfarre habe, gab er keine
Antwort. Der Meister und die Frau merkten, daß ihrem
Gaste ihre neugierige Theilnahme nicht gelegen kam.
Sie brachen also von dem Gegenstande ab und erfuhren
auf diese Weise niemals, was sie an jenem ersten Tage
zu erfahren vergebens gestrebt hatten, ja sie hörten bald
auf, sich darum zu kümmern. So viel war sicher, Herr
Plattner mußte schwere Schicksale gehabt haben, denn er
wurde still und traurig, wenn einmal Andere von ihren
Schicksalen zu reden begannen, und kam man gar auf
Rußland zu sprechen, so hatte die Meisterin gesehen, daß
ihrem Gaste gelegentlich die Thränen in die Augen ge=
kommen waren. Sie wußten damit, daß er ein Unglück=
licher sei und das genügte ihnen. Er war eben da,
wohnte in der Nachbarschaft, kam in der ersten Zeit ge=
legentlich einmal hinauf, wenn sein Weg ihn vorüber
führte, und sprach dann öfter vor, nachdem er der Pathe
von Brückners ältestem Sohne geworden war, dem man
aus Dankbarkeit seinen Namen gegeben hatte.

Alles, was der Meister und seine Frau herausbrachten,
bestand darin, daß Herr Plattner für eine Druckerei die
Correkturen besorge. Es hieß bisweilen auch, daß er
Unterricht ertheile, und oftmals hatte er Papiere bei sich

die ihm zum Abschreiben übergeben worden waren. Das
mußte jedoch Alles nicht viel einbringen, denn Herr Platt=
ner kam nicht vorwärts. Wer ihn kannte, mußte es be=
merken, wie in Jahren und Jahren kein neues Kleidungs=
stück auf seinen Leib kam, und daß er oft nicht einen
Heller in der Tasche hatte. Er aß nur selten einmal bei
einem Speisewirth. Er sagte bisweilen, daß er es nicht
liebe, unter Fremden zu sein, und daß er es vorziehe,
seine Mahlzeit bei sich zu Hause zu genießen. Die
Meisterin sah dann aber ihren Mann ganz verstohlen von
der Seite an, denn der Kandidat ging Abends, wenn er
es dazu hatte, recht gern einmal unter Leute und in das
nahe Bierhaus, und seine Freunde wußten daher, was
sie von dem zu Hause speisen des Herrn Plattner zu
halten hatten.

So war es denn gekommen, daß man den Kandidaten
bald zum Mittag und bald zum Kaffee und bald zum
Abendbrod nöthigte, bis er einmal den Vorschlag machte,
die Meisterin solle ihn ganz in Kost nehmen, und er wolle
beisteuern, so viel auf seinen Antheil käme. Davon hatte
sie jedoch nichts hören mögen, denn damit ging ihr ihre
Freiheit verloren, in ihrem Hause zu schalten und zu
walten, wie's ihr gut schien, und der Meister hatte noch
weniger davon wissen mögen. Er dachte, für seinen Le=
bensretter werde wohl immer noch ein Mundvoll Essen

übrig sein, und so hatten denn Mann und Frau es Herrn
Plattner abgeschlagen, ihn zum Kostgänger zu nehmen.
Er aber hatte sich danach lange Zeit nicht mehr bewegen
lassen, einen Bissen Brod oder einen Trunk Wasser in
dem Hause zu verzehren, und erst als Hermann größer
geworden war, hatte sich das alte gute Vernehmen zwischen
der Familie und dem Kandidaten wieder hergestellt.

Der Kandidat nämlich, der keinen lebenden Verwandten
hatte und ganz einsam und verlassen in der Welt stand,
hatte den Knaben in sein Herz geschlossen und auch dieser
hing an ihm, wie an Vater und an Mutter, ja es bildete
sich allmälig ein ganz apartes Einvernehmen zwischen dem
Kandidaten und dem Knaben aus. Hermann war lern=
begierig und Herr Plattner lehrte gern. Dem Meister
und seiner Frau, die ihren Stolz darin setzten, daß ihr
Aeltester in der Schule so gut angeschrieben war, gefiel
es wohl, wenn Herr Plattner sich um ihn bekümmerte,
und da Hermann für seine Jahre ein großer, starker
Bursche war, so kam man zu dem Entschluß, ihn bei
Zeiten aus der Schule zu nehmen und ihn einem vermö=
genden Nachbar und Gevatter zu mancherlei häuslichen
Verrichtungen zu verdingen, weil ja Herr Plattner sich
immer mit ihm zu schaffen machte und man also das
Schulgeld sparen konnte.

Von einem regelmäßigen Unterricht war dabei freilich

keine Rede. Der Kandidat beschäftigte sich mit seinem
Pathen, wenn er eben kam, und er kam wieder öfter, er
kam endlich alle Tage, seit er auch den jüngern Kindern
des Meisters bei ihren Schularbeiten nachhalf. Er ließ
sich allmälig auch wieder bereit finden, mit der Familie
zu essen, wenn man ihm dies anbot, und die Meisterin
sah es, wenn die Zeiten nicht gar zu knapp waren,
ordentlich gern, weil es ihm immer so gut schmeckte und
er meistens Etwas zu erzählen wußte. Sie meinte, er
verdiene sich an den Kindern nicht nur das Bischen Essen,
sondern einen Gotteslohn, und wenn sie, wie an diesem
Freitage, etwas Besonderes in der Schüssel hatte, kam
der Kandidat ihr ganz besonders wie gerufen.

Den Kindern, und vor Allen aber dem Hermann, war
er der erwünschteste Gast von der Welt. Sie hingen von
ganzem Herzen an ihm, und wenn der Vater dann oben=
drein erzählte, welch' ein prächtiger Studiosus der Herr
Kandidat seiner Zeit gewesen sei und wie ihm die Mütze
auf einem Ohr gesessen und was er für eine Faust geführt
habe, dann dünkte er den Kindern ein wahrer Held, ja
der Inbegriff aller Vollkommenheiten zu sein, und sie
trauten sich kaum an ihn heran vor Bewunderung und
vor Ehrfurcht. Der Vater erschien ihnen sogar an solchen
Tagen in einem ganz besondern Lichte der Vornehmheit
und sie selber fühlten sich ganz anders, weil der Herr

Kandidat ihres Vaters Freund und ihres Bruders Ge=
vatter war, und weil bei all' den Nachbarn im Hofe kein
Kandidat zu Gaste kam.

Was der Kandidat an dem Abend empfunden hatte,
als er der Familie das Gedicht von Schiller vorgesprochen,
das erfuhr Niemand. Herr Plattner ließ sich über solche
Dinge niemals aus. Die Meisterin aber sagte, als in
ihrer Stube wieder Alles in Ordnung war und die Jüng=
sten schon in ihren Betten schnarchten: „Und wenn die
Wernerin auch Alles so vollauf hat, daß sie nicht weiß,
wohin damit, so etwas bekommt sie doch nicht zu hören,
das ist was ganz Einziges, und der Hermann könnte es
wohl einmal erzählen, wie der Herr Kandidat hier ein=
und ausgeht, und daß wir auch was abzugeben haben."

„Ja!" meinte der Meister, „ich habe schon oft daran
gedacht, der Werner könnte dem Kandidaten was zu ver=
dienen geben, wenn das Kind heranwächst."

„Deswegen, nein deswegen sagte ich es nicht, das ist
gar nicht nöthig. Unser Einer kann auch einmal etwas
für sich selber haben. Die Werner's haben ohnehin genug.
So war's nicht gemeint. Werner's werden sich schon selbst
zu helfen wissen."

Der Meister antwortete nicht, und die Sache hatte
damit ihr Bewenden.

———————

V.

Werner's lagen der Mutter stets im Sinn, es mochte ihr wohl oder übel gehen; denn Werner's Wohlstand und Lebensweise waren der Höhenpunkt, nach welchem sie ihre eigenen Verhältnisse bemaß und schätzte.

Nicht weit von dem Hause, in welchem der Meister Brückner seine Wohnung hatte, besaß nämlich ein ehemaliger Kamerad von ihm, der Zeugschmidt Werner, ein eigenes Haus. Der Zeugschmidt war freilich seine zehn Jahre älter als der Schuhmacher, aber da sie Beide aus derselben Straße zu Hause waren, und Beide achtzehnhundertunddreizehn an demselben Tage in dasselbe Regiment eingetreten waren, so hatte der Zeugschmidtmeister, der sein Weib und seine Kinder und seine Werkstatt und sein blühendes Geschäft verlassen, um den Fahnen seines Königs wider den Landesfeind Napoleon zu folgen, seine Freude daran gehabt, als er einmal mit dem jungen Schuhmachergesellen zusammen in Quartier gekommen war und es sich im Gespräch herausgestellt hatte, daß der Geselle die Frau des Meisters und sein Söhnchen und selbst die kleine Tochter kenne. Und als dann im Feldzuge von achtzehnhundertundfünfzehn der Meister Werner nicht mehr mitgegangen war, weil er meinte, nun das Seinige gethan zu haben, da hatte er seiner Frau einzigen

Bruder statt seiner in das Regiment geschickt. Der sieben=
zehnjährige junge Mensch war aber nicht wieder zurückge=
kommen und hatte seiner Schwester durch den Brückner, dem
sie den Fritz auf die Seele gebunden, seinen letzten Gruß
und sein Taschenbuch und seine Uhr und das schöne Pet=
schaft nach Hause geschickt, das sie ihm noch am letzten
Morgen gekauft hatte, ehe er ausmarschirt war.

Seitdem hatte die Wernerin den Brückner unter ihren
Schutz genommen. So oft sie ihm begegnete, war es ihr
eingefallen, daß ihr Bruder ihn in seinen Briefen einen
guten Kameraden genannt und daß Brückner demselben
die Augen zugedrückt, als es mit der Kameradschaft zu
Ende gewesen war. Sie hatte auch beigesteuert, als der
Brückner Meister geworden und hatte Gevatter bei dem
Aeltesten gestanden, auf den sie ihr Auge behalten von
dessen Kindesbeinen an.

Verkehr hielt der Zeugschmidt mit Brückner nicht eben
viel. Werner war ein reicher Mann geworden, saß im
Magistrate, war überall zu finden, wo Ehrenämter von
einem Ehrenmanne gratis zu verwalten waren, und Brück=
ner war eben ein armer Flickschuster geblieben. Sie
kamen also nicht leicht zufällig zusammen, wenn sie sich
nicht zufällig Sonntags in der Kirche oder einmal im
Bierhause beim Wagner trafen, und die Frauen sahen
einander noch weniger, denn die Wernerin, so nannte man

sie in der ganzen Nachbarschaft, kam selten einmal aus
dem Hause.

Man konnte ihr das auch nicht verdenken. Wer es so
gut bei sich zu Hause hatte, was sollte der auswärts
suchen? Das Haus hatte vier Fenster Breite und war
mit dem Erdgeschoß vier Stockwerke hoch. Hinten hatte
es einen langen Hof, in dem ein Wallnußbaum stand,
und unten an dem linken Seitenflügel einen offnen Gang,
auf dem die oberen Seitenflügel ruhten, und der also
wohlüberdacht und wohlgestützt war und die schönste Gal=
lerie bildete. Es waren ein Hof und eine Gallerie, wie sie
in dem ganzen Viertel nicht zu finden waren.

Oben war das Haus vermiethet, aber die Einwohner
hatten es nicht halb so gut und so schön als die Wer=
nerin. Denn ihr Mann hielt viel auf sie und wollte, daß
die Leute dies auch wüßten. Er ließ ihr in jedem Som=
mer die ganze Gallerie mit Bohnen und mit Kresse be=
ziehen, daß es wie in einem Garten blühte, und dazu
war geradeüber der Gallerie noch eine Kürbislaube neben
dem Wallnußbaume, die auch im Sommer blühte und
große Kürbis trug. Damit aber gar nichts fehle, gingen
ein Rabe und ein Storch in dem Hofe spazieren, und im
Sommer, wenn es ganz warm und schön war, hingen in
großen Messingkäfigen, die alle Sonnabende geputzt wer=
den mußten, auf dem offnen Gange die beiden Kanarien=

vögel der Wernerin und der Papagei, den der Mann ihr zur silbernen Hochzeit geschenkt hatte, zwischen den Bohnen= blüthen und Kreßblumen in freier Luft, weil die kleine Lisette ihre Freude daran hatte.

Die kleine Lisette war der Großeltern Augapfel, wie man so zu sagen pflegt, und das einzige Kind des Hauses. Mit Allem hatte Werner Glück gehabt, nur mit seinen Kindern nicht. Der Sohn war als kleines Kind, die Tochter war ihm im ersten Wochenbett gestorben, und der Schwiegersohn, von dem er sich nach dem Tode seiner Kinder einen Trost und eine Stütze versprochen hatte, war auch jung hinweggerafft worden. Alles was den unglücklichen Eltern übrig geblieben, war das Enkelkind, und wenn die Wernerin sich einmal nicht recht bei Laune befand, so hielt sie es ihrem Manne vor, daß er nicht für sie die Kürbislaube und die Bohnenkasten und die Vögel angeschafft habe, sondern nur für die Lisette, die er aufziehe, als wenn sie eine Prinzessin wäre und einmal den türkischen Sultan heirathen sollte.

Ein Glück war's dabei nur, daß die üble Laune der Wernerin nicht lange anhielt. Die ganze Nachbarschaft wußte es, daß sie aufflackerte wie Strohfeuer, aber daß es mit ihrem Zorne auch wie mit einem Strohfeuer bald vorüber war. Sah man, daß mit ihr nichts anzufangen war, so gingen der Meister und alle Andern ihr aus dem

Wege. Nur Einer war da, der in solchen Augenblicken
ihren ganzen Unwillen auszubaden hatte, und dieser Eine
war ihr Pathe und ihr Schützling Hermann, den sie sich
als Laufjungen hielt und der immer schon auf seinem
Platze sein mußte, wenn sie früh die Thüre von der Hinterstube aufmachte und in die Gallerie hinaustrat.

Es war sieben Uhr, als die Wernerin am Sonnabend
Morgen in ihrer Stube die Riegel oben und unten an
der Thüre öffnete und den schweren Schlüssel in dem
Schlosse aufdrehte. Im Innern ihres Hauses war um
diese Stunde alles bereits in Ordnung; sie konnte ihre
Blicke nun mit gewohnter Regelmäßigkeit nach außen
wenden, und sie war stattlich anzusehen, wenn sie am
Morgen so zum Vorschein kam.

Sie war eine große, dicke Frau in den ersten Fünf-
zigen, und da sie nach Niemand zu fragen brauchte, war
sie der Kleidung treu geblieben, die ihr bequem war, ohne
sich dadurch beirren zu lassen, daß die Mode sich geändert
hatte. Sie trug ein dunkles Kattunkleid mit ganz kurzer
Taille und eine schwarzwollene Schürze, die dicht unter
ihrer starken Brust festgebunden war und die sie gelegentlich zurückschlug, um die Tasche von bunten, dreieckig zu-
sammengesetzten Flicken zu zeigen, in welcher sie unten
das Silbergeld und ihren Fingerhut und Nähring, oben
in einem besondern Schlitz das Kupfergeld bei sich führte.

Ihr graues, stramm nach hinten gekämmtes Haar sah
glatt und blank unter der weißen Piquemütze hervor, und
da sie von ihrem Wochenbette einen Schaden an dem
linken Fuß behalten hatte, in dessen Folge sie viel an
Rheumatismen in demselben litt, so hatte sie diesen, sobald die kältere Jahreszeit eintrat, der Vorsicht wegen
immer dick in Heede eingewickelt, weshalb sie den andern
Fuß nur um so sorgfältiger mit einem saubern weißen
Strumpf und mit einem glänzenden schwarz=lebernen Pantoffel bekleidet, damit Jedermann es gleich gewahr würde,
daß sie wisse, was ihr zukomme.

Gegenüber der Thüre ihrer Hinterstube, an der Stelle,
auf die ihr Auge bei dem Heraustreten aus ihrer Stube
zuerst fiel, mußte, weil Alles bei ihr seine Ordnung hatte,
Hermann sie erwarten, und der Platz war ihm auch der
erwünschteste. Denn da hinten in der Gallerie lagen die
Steine, welche der Meister zum Glühen und Stählen
seiner Fabrikate brauchte. Sie wurden nach der Arbeit
auf gut Glück in diese Ecke geworfen, und es war Hermanns tägliches Amt, sie in der Frühe ihrer Größe nach
aufzuschichten, so daß man die nöthigen Stücke immer
leicht herausfinden konnte, und hinter diesen Steinen verbarg er seinen kostbarsten Besitz. Unter ihrem Schutze
sammelte er Alles, was er an bedrucktem Papier erbeuten
konnte, um es in jedem freien Augenblick zu lesen und

wieder zu lesen. Alte Zeitungen, alte „Lieder gedruckt in
diesem Jahr", einzelne Blätter aus Büchern, wie sie von
den Krämern als Umschläge benutzt werden, Alles hatte
Werth für ihn, Alles unterhielt ihn, und eben das ganz
Abgerissene, Zusammenhanglose dieser Blätter spornte
seine Wißbegier und reizte sein Verlangen sich zu unter=
richten.

Daran aber hatte die Wernerin gerade ihren schweren
Aerger. Sie hielt, wie Hermanns Mutter, von dem Lesen
und von dem Lernen für den Armen nichts, es gewöhne
ihn blos an Müßiggang und mache ihn unbrauchbar und
unzuverlässig, sagte sie. Denn wer sich auf Schreiben
und Lesen verlasse, der halte seine Gedanken nicht zu=
sammen, und daß das wahr sei, davon habe sie in ihrem
Hause das leibhaftige Exempel. Ihr Mann, der das
Alles gelernt, müsse sich jede Kleinigkeit aufschreiben, woran
er denken wolle, und vergesse doch bald dieses, bald jenes;
sie, die keinen Buchstaben schreiben könne, vergesse nicht
das Geringste, habe den Kopf immer auf dem rechten
Fleck und wundere sich über nichts mehr, als daß der
Junge, der Hermann, bei all dem Lesen doch noch so brauch=
bar sei.

Trotz des Zugeständnisses, welches diese letzte Aeuße=
rung enthielt, bekam der Knabe aber nur selten ein gutes
Wort von der Meistersfrau zu hören. Sie sagte, die

Eichen schlügen im kalten Winter am allerbesten aus, und aus wem einmal im Leben etwas werden solle, mit dem dürfe man in der Kindheit nicht viel spaßen. Spaß zu machen war auch gar nicht ihre Art, und kaum hatte sie an dem Morgen den Burschen auf seinem gewohnten Platz neben den Glühsteinen bemerkt, als sie ihm kurz und befehlend zurief: „Trag' Wasser in die Küche!"

„Ich hab's schon getragen, Frau Wernerin!" gab er zur Antwort.

„Dann lauf' zum Schlächter!" — sie ließ abwechselnd an jedem Tage in der Woche eine bestimmte Fleischsorte und ein bestimmtes Quantum von derselben holen.

„Das Fleisch steht schon da im Korbe!" entgegnete Hermann.

Die Meisterin wurde verdrießlich. Wer Lust am Herrschen und Befehlen hat, verliert sein Vergnügen, wenn er das Nothwendige ohne sein Zuthun geleistet findet, und herrschsüchtige Menschen haben deshalb immer schlechte Diener, können keine guten Diener ertragen.

„Da hättest Du auch wohl schon das Holz klein machen können!" sagte sie im Tone des Vorwurfs. „Es ist Gott weiß wie spät."

„Es ist ja fertig, Frau Wernerin," sagte der Knabe schüchtern und wies in banger Ahnung irgend eines nahen

4*

Sturmes auf das klein geschlagene Holz hin, das er an
dem bestimmten Platze sauber aufgeschichtet hatte.

So schnell ihr schwacher Fuß es zuließ, humpelte die
Hausfrau nach dem Ende der Gallerie hin, um sich zu
überzeugen, ob der Knabe seine Schuldigkeit gethan, und
um ihm wo möglich zu seiner bessern Erziehung und zu
ihrem eigenen Vergnügen ein Versehen nachweisen zu
können. Aber diese letzte Hoffnung schlug ihr fehl. Mit
unverkennbarem Aerger befahl sie ihm daher, den Hof zu
kehren, indeß sie bemerkte, daß auch diese Arbeit schon
vollbracht sei. Das war ihr nun doch zu viel, und in
heftigen Zorn ausbrechend, rief sie: „Es wird aber auch
von Tag zu Tag toller mit dem dummen Jungen! Es
ist gerade, als ob man eine Uhr hätte, die alle acht Tage
einmal aufgezogen wird, und dann ohne Sinn und Ver=
stand die ganze Woche weiter läuft. Wie eine Maschine
ist der einfältige Junge! Kommt vor Tagesanbruch in
das Haus, schaarwerkt im Stockfinstern herum und nach=
her wird er hier wieder den ganzen ausgeschlagenen Mor=
gen dasitzen und nichts thun, als sich unnütz machen mit
den elenden Papierwischen und Büchern, daß man das
Kind herauslassen und draußen spielen lassen muß, damit
der Junge nur zu etwas da ist auf der Welt!"

Sie wendete sich ab, denn der Meister war durch den
lauten, schallenden Ton ihrer Stimme von dem Werktisch

an das Fenster gezogen worden, und an dem Meister
fand der Knabe immer seinen Beschützer.

„Ruhig Blut, Mutter!" rief er ihr zu. „Laß den
Jungen gehen! Wenn er das Seinige gemacht hat, so
ist's ja kein Schaden, daß er nachher mit der Lisette
spielt. Er paßt gut auf sie auf und sie ist gern bei ihm.
Was thut Dir denn der Junge? Schick' ihn nach Hause,
wenn er Dir im Wege ist."

„Im Wege! Im Wege ist er mir nicht! Ich kann
nur das dumme Lesen nicht an ihm leiden und —"

„Das wird ein Ende haben, wenn er in die Lehre
kommt, und wenn ein Junge Lust hat mehr zu lernen,
als sein bloßes Handwerk, das ist auch kein Unglück.
Wenn Du ihn missen kannst, schick' ihn herein, er kann
für mich ein paar Gänge in die Stadt thun."

Die Meisterin antwortete nicht, es war ihr, wenn sie
sich unnöthig ereifert hatte, recht lieb, daß man ihr dies
Handwerk legte, und während sie in das Haus zurück=
kehrte, gab sie Hermann mit dem Kopfe ein Zeichen, durch
die Küche nach der Werkstatt zu gehen, wo er die Auf=
träge des Meisters empfangen sollte.

Hermann gehorchte, aber nicht mit der Lust, mit wel=
cher er sich sonst jedem Dienste unterzog. Es war Sonn=
abend, dann hatte die Meisterin im Hause doppelt viel zu
schaffen, und Sonnabends mußte er deshalb gewöhnlich

den ganzen Morgen mit dem Kinde spielen, das nie fröhlicher war, als in des Knaben Aufsicht und Gesellschaft.

Er steckte das alte Zeitungsblatt, mit dem er beschäftigt gewesen war, als die Wernerin herausgekommen, in den Winkel hinter den Glühsteinen und wollte sich, als er von dem Meister seine Befehle erhalten hatte, eben auf den Weg machen sie auszurichten, als er sich von einem Kinderstimmchen rufen hörte. Er wendete sich um, Lieschen's blonder Kopf sah zum Fenster heraus und freundlich bat die Kleine: „Ich will mitgehen, Hermann!"

Er sagte, es sei kalt. „Die Großmutter kann mir den Mantel anziehen," entgegnete das Kind, „ich habe auch die Pelzkappe und neue Handschuhe."

„Aber ich muß weit gehen," wendete er ein.

„Ich kann auch weit laufen," sagte die Kleine.

„Die Großmutter erlaubt's nicht," meinte Hermann und blieb doch stehen, weil Lieschen gar so freundlich aussah und ihre rothen Wangen und blauen Augen ihm noch schöner däuchten, als die Gesichter der vier Engel oben neben der Orgel in der Kirche.

„Ich will aber mit," wiederholte das Kind, und als der Knabe mit einer entschlossenen Bewegung sich zum Gehen wendete, stieg Lieschen, das nicht gewohnt war auf Widerspruch zu stoßen, plötzlich auf den Fensterkopf

und sagte: „Wenn Du nicht gleich wartest, springe ich
herunter und laufe Dir nach!"

„Bleib' da! Bleib' da!" rief der Knabe und war im
Augenblick an ihrer Seite. Er war ganz blaß geworden.
Es fror ihn mit einem Male und dann wurde ihm heiß,
daß ihm die Tropfen auf die Stirn traten. Die Kleine
lachte.

„Aha!" sagte sie, „ich komme doch mit!" — Sie sprang
von dem Stuhle herab, auf dem sie gestanden hatte, eilte
in die Stube, der Großmutter ihr Verlangen kund zu
thun, und rief dem Knaben noch aus der Ferne zu, nicht
fortzugehen, der gar nichts Besseres verlangte, als auf
das Kind zu warten und es mitnehmen zu dürfen, denn
sein ganzes Herz hing an dem schönen Kinde.

Seit er selbst auf den Beinen stehen konnte, hatte er
seine jüngeren Geschwister in Obacht nehmen müssen. Er
hatte gelernt, Kinder zu beschäftigen, mit ihnen zu plaudern und zu spielen, und er hatte seine Brüder und
Schwestern auch recht lieb und hatte immer Geduld mit
ihnen, wenn schon es ihm kein besonderes Vergnügen
machte, sie um sich zu haben. Mit Lieschen war das
aber etwas Anderes. Er sah sie so gern, er hörte sie so
gern sprechen. Sie war so weiß, war immer reinlich,
und sah gerade so aus, wie ihre selige Mutter, die in der
guten Stube der Meisterin in einem blaßblauen Kleide

mit einer rothen Rose vor der Brust, gemalt hing. Wenn die gute Stube einmal geöffnet wurde, was nur geschah, um die Fenster zu putzen und die Möbel auszuklopfen, so schlich er immer unvermerkt hinein und rechnete nach, wie lange es dauern würde, bis Lieschen einmal so groß und stark sein würde, wie ihre Mutter, und er dachte, wenn er einmal von der Wanderschaft käme, würde sie wohl ausgewachsen sein.

Er stand auf der Gallerie und wartete. Fragen gehen, ob man ihm die Kleine mitgeben würde, das wollte er nicht gern, und fortgehen, ehe er wußte, ob sie nicht noch käme, das wollte er noch viel weniger. Darüber verging die Zeit. Von der Klosterkirche schlug es neun, das Spielwerk der Uhr spielte ein sanftes Lied. Die Sonne war hoch heraufgekommen, der Storch im Hofe fing an die Stelle zu suchen, welche ihre Strahlen trafen, und sich im Warmen die Flügel zu dehnen und zu putzen. Das Licht fiel hell auf die Thüre, aber Hermann hatte keine Zeit zu verlieren, er fing an zu fürchten, daß er sich zu lange aufgehalten und wollte sich eben entfernen, als aus der sonnenbeleuchteten Thüre Lieschen hervortrat und hinter ihr die Großmutter.

„Nimm das Kind mit!" sagte sie, „aber paß gut auf Lieschen auf und mach', daß Du zurückkommst. Hast Du auch reine Hände?"

Die Frage that ihm weh, er wußte nicht weshalb.
Er lief zum Brunnen, wusch sich in dem kalten Wasser
und wischte die Hände, so gut er konnte, an seinen Klei=
dern ab. Dann nahm er das Kind an der Hand und
ging mit ihm von dannen, aber er war nicht so vergnügt
als sonst, wenn er die Kleine bei sich hatte.

Ein paar Straßen war er still neben ihr hergegangen
und hatte nur nothdürftig ihr fröhliches Geplauder beant=
wortet, bis sie in die Klosterstraße kamen, in welcher er
an dem verwichenen Abend seinen majestätischen Ritt ge=
halten hatte. Die Erinnerung daran heiterte ihn auf, er
erzählte der Kleinen, daß er gestern wieder auf einem
großen Pferde gesessen habe, und war eben im besten
Zuge, als ihm auf dem Neumarkt einer der Jungen be=
gegnete, die ihm gestern zuerst den Spottnamen gegeben
hatten. Kaum wurde dieser Hermann's ansichtig, als er
ihm aus der Ferne zurief: „Na! reitender Kesselflicker!
gehst Du heut zu Fuß?"

Es war in den Stunden des Wochenmarktes und wie=
der Leben genug auf dem Platze. Was einmal bei Kin=
dern gewirkt und sie belustigt hat, belustigt sie zum zweiten=
mal noch mehr, und weil die Jungen gestern ihren Spaß
an dem Rufe „reitender Kesselflicker" gehabt hatten, so
fanden sie heute ein doppeltes Vergnügen daran, ihn aus=
zustoßen und von allen Ecken erscholl es: „Reitender

Keſſelflicker! wo haſt Du Dein Pferd? Reitender Keſſel=
flicker! warum gehſt Du zu Fuß?" und „reitender Keſſel=
flicker" hier und „reitender Keſſelflicker" da.

Hermann war wüthend vor Zorn und Scham. Mit
einem Satze wollte er auf den Urheber des ganzen An=
griffs losſpringen, aber als er es that, fühlte er, daß er
die Hand des Kindes loslaſſen mußte, und mitten auf
dem Markte konnte das Kind nicht allein ſtehen bleiben.
Das Blut ſtieg ihm nach dem Kopfe, daß die Ohren ihm
brannten. Er wollte ſchreien, ſchimpfen, es ſchnürte ihm
den Hals zu, und dazu hielt das Kind ihn feſt angefaßt
und fragte halb beluſtigt, halb geängſtigt zu ihm hinauf=
ſehend: „Warum ſchreien ſie ſo? Biſt Du der Keſſel=
flicker?"

„Komm fort, Lieschen! geh' nicht ſo langſam," ſagte
er und ſuchte ſie vorwärts zu ziehen, als einer der größ=
ten Jungen dicht an ſeiner Seite ihm wieder den Spott=
namen in das Ohr ſchrie. Seiner ſelbſt nicht mächtig,
verſetzte Hermann ihm einen Schlag mit der Fauſt, der
Junge erwiederte das, ſein Kamerad warf aus der Ferne
mit einem Murmelſtein, den er in der Taſche gehabt, nach
Hermann, und ſtatt dieſen zu treffen, flog der Stein Lies=
chen gegen die Wange, daß das Kind laut aufſchrie vor
Schmerz und bitterlich zu weinen anfing.

In Nu ſahen die Streitenden ſich von einer Menſchen=

menge umringt. Eine Bürgersfrau gab dem Burschen,
der mit dem Steine geworfen hatte, einen Schlag, aber
auch Hermann wurde festgehalten und hart angefaßt,
während andere Bürgersfrauen das Lieschen, das Enkelkind der Wernerin erkannt hatten, sich der Kleinen be-
mächtigten und sie nach Hause zur Großmutter zu führen
versprachen. Indeß das Kind weinte und schrie und
wollte nicht vom Platze gehen ohne Hermann. Erst als
dieser wieder zu ihr kam, gelang es die Kleine zu beruhigen, und sich mit beiden Armen an Hermann anklammernd,
rief sie ein Mal um das andere: „Komm nach Hause!
Sie sollen Dir nichts thun! Sie sollen Dir nichts thun!"

Er war froh, als er sich mit seinem Schützling in der
stillen Bischofsstraße befand, und neben Lieschen auf der
Erde niederknieend, sich überzeugte, daß ihr nichts geschehen sei. Er trocknete ihr die Thränen, säuberte ihr
am Brunnen die Stelle, welche der Stein getroffen hatte,
und vermochte die Kleine leicht dahin, seinen Weg weiter
mit ihm fortzusetzen. Aber er konnte nicht wie sonst mit
ihr plaudern und mit ihr Scherze machen. Das lang-
weilte sie bald und sie fing nun selbst zu plaudern an.

„Heißt Du Kesselflicker?" fragte sie ihn nach einer
Weile.

„Nein!" gab er ihr kurz zur Antwort.

Sie war solche Abweisung nicht von ihm gewohnt.

„Warum schreien sie Kesselflicker?" fragte sie noch einmal und fügte dann gleich hinzu: „Warum warfen sie mit dem Stein nach Dir?"

Dem Knaben schnitt es durch das Herz. „Weil ich schlechte Kleider habe," versetzte er bitter.

„Der Großvater hat viele Kleider, der kann Dir Kleider schenken," tröstete das Kind.

„Laß gut sein," sagte Hermann.

„Willst Du keine Kleider haben?" forschte Lieschen, die wie alle Kinder langsam von ihren einmal gefaßten Gedanken loskam.

„Ich werde mir schon Kleider schaffen, wenn ich groß bin," gab er ihr zur Antwort. „Und Dir soll auch Niemand etwas thun, wenn ich nur erst groß bin," sprach er fest und seine Hand preßte dabei unwillkürlich das Händchen der Kleinen, daß sie zu ihm aufsah und zu lachen anfing.

Als Hermann mit dem Kinde nach Hause kam, klopfte ihm das Herz vor Angst. Er fürchtete, Lieschen werde erzählen, was auf dem Markte geschehen, werde klagen, daß ihr der Stein an die Wange geflogen sei, und weil er sicher wußte, daß man ihm in diesem Falle die Kleine nie mehr anvertrauen und daß er einer schweren Strafe nicht entgehen würde, hatte er sich mehrmals versucht gefühlt, sie zu bitten, daß sie davon schweigen möge. Aber

ein unbestimmtes Gefühl hielt ihn davon zurück, und nach=
dem er das kleine Mädchen der Großmutter abgeliefert
und sich in die Werkstatt begeben hatte, um dem Meister
über die gemachten Bestellungen Bericht zu erstatten, er=
wartete er von Minute zu Minute, daß er gerufen und
zur Rechenschaft gezogen werden würde. Indeß es blieb
Alles still, der Vormittag ging ruhig vorüber, und als es
zwölf Uhr schlug, als Lieschen, wie das alle Tage geschah,
dem Großvater melden kam, daß das Essen fertig sei,
wendete sie sich schnell zu Hermann hin und sprach leise
und mit freundlichem und klugem Blick: „Ich hab' nichts
gesagt!"

Dann lief sie hinaus und Hermann — Hermann stand
und sah ihr nach, und wischte sich mit der umgekehrten
Hand die Thräne aus dem Auge, die ihm plötzlich hinein=
getreten war, er wußte nicht wie und weshalb. Aber er
hätte für das Kind durch's Feuer laufen mögen, und
wieder dachte er: „Wenn ich nur erst groß wäre!"

<hr />

VI.

Der Herr Kandidat hatte Wort gehalten. Hermann
besaß seit dem Weihnachtsabend sein erstes großes eignes
Buch, denn seine Fibel und seiner Mutter Katechismus

und Bibel hatten bis dahin die ganze Bibliothek der Familie ausgemacht, die nur gelegentlich einmal durch einen vorjährigen Volkskalender einen Zuwachs erhalten hatte.

Mit seinem Buche, voll merkwürdiger Reiseabenteuer und seltsamer Lebensschicksale, war dem Knaben aber eine neue Welt aufgegangen, und seitdem sein Blick von der Sagenwelt der biblischen Vorzeit in den Bereich der nächsten Vergangenheit und der Gegenwart gelenkt ward, wendeten alle seine Gedanken und Wünsche sich in die Zukunft und auf seine eigene Zukunft hin. Mit wahrer Leidenschaft verlangte er danach, schnell heranzuwachsen, um, wie er es nannte, Etwas zu werden, aber trotz seiner Sehnsucht rückten die Tage doch nur in ihrem Gleichmaß vorwärts, langsam die Dinge und die Menschen und ihr Verhältniß zu einander umgestaltend, daß man die Wandlung kaum gewahr wird, bis irgend ein ungewöhnliches Ereigniß es bemerkbar macht, daß sie sich vollzogen hat.

Tage, Wochen, Monate und Jahre gingen hin, und Meister Brückner saß noch immer auf seinem Schemel in der Werkstatt, und der Kandidat kam auch noch alle Tage zu dem Meister und sah nach den Kindern, und die Mutter schaffte und mühte sich wie immer, nur Hermann fehlte in der Wohnung, aber man vermißte ihn nicht, im Gegentheil! Der zweite Sohn war so weit herangewachsen, daß er die Dienste versehen konnte, welche der Bruder bis dahin im Hause geleistet hatte, und die Eltern waren froh, den Aeltesten nun doch so weit zu haben, daß er in der Lehre und die Zeit zu ermessen war, in welcher er Geselle werden und ganz für sich selber zu sorgen im Stande sein würde.

Er kostete jetzt schon so gut wie gar nichts mehr; denn Herr Werner, der ihn in die Lehre genommen, hatte ihm das Einschreibegeld erlassen, Wohnung und Essen und Trinken hatte er bei seinem Meister, und seine Pathe, die Meisterin, that ab und zu ein Uebriges und half hier und da mit einem Rock des Meisters oder mit sonst einem nöthigen Stücke aus, daß Hermann weit besser als zuvor in Kleidern war und sich wohl hätte auf der Straße sehen lassen können.

Er war aber kein Freund vom Ausgehen nnd hatte mit seinen Altersgenossen wenig Verkehr. Nicht daß er keine Freude daran gehabt hätte, umherzulaufen und sich umzusehen wie die Andern, es fehlte ihm nur dazu die Zeit, denn wenn er abkommen konnte, gab es für ihn nur einen Weg, und der führte ihn zu dem Kandidaten. Je größer Hermann geworden war, um so mehr war seine Liebe für denselben gewachsen, und wenn der Kandidat es Anfangs nur mit Widerstreben geduldet hatte, daß der Knabe ihm mit seinem Buche in seine Wohnung folgte, um von ihm die Aufschlüsse und Erklärungen zu erhalten,

deren er bedurfte, so hatte er sich allmälig doch daran ge=
wöhnt, und Hermann's Wißbegier und Lebhaftigkeit regten
Herrn Plattner an, daß er sich erheitert fühlte, wenn der
Knabe bei ihm war, der immer Etwas zu erzählen, der
immer Gutes zu berichten hatte, weil er achtsam und
fröhlich von Natur, an jedem Tage irgend Etwas fand,
das ihm Vergnügen machte.

Bald hatte er neue Arbeit bei dem Meister gehabt,
zu der man ihn bis dahin nicht zugelassen, bald hatte er
fertige Arbeit zu einem Kunden bringen müssen, von dem
er ein Trinkgeld erhalten, bald hatte er der Mutter seine
paar Spargroschen nach Hause bringen können, die eben
jetzt das Geld gut brauchen können und es ihm wieder zu
geben versprochen hatte, wenn für ihn eine Anschaffung
nöthig sein würde. Heute hatte der Meister große Be=
stellungen erhalten, ein andermal hatte Hermann viel Geld
für den Meister in die königliche Bank zu tragen bekom=
men, dann ließ die Wernerin ein Schwein schlachten und
Hermann bekam davon für seine Eltern etwas geschenkt,
und vor Allem gingen die Tage hin und er wurde größer
und die Lehrzeit verstrich und die Gesellenzeit mußte doch
verstreichen, und wenn er arbeitete und immer arbeitete,
so mußte er zuletzt auch Meister werden. Und daß er
ein reicher Meister werden wollte, reich wie Herr Werner,
und ein Mann bei der Stadt, wie Herr Werner, das

stand bei ihm eben so unumstößlich fest, als daß er weit
umher wandern und alle die Länder sehen wollte, von de=
nen in den Büchern zu lesen stand, die er sich nach und
nach herbeizuschaffen wußte.

„Was der Mensch will, das kann er!" sagte Herr
Werner, und diese Worte wurden Hermanns Wahlspruch.
Er schrieb sie mit seinen schönsten Lettern in das Schreibe=
buch, das er bei dem Herrn Kandidaten hatte, er schrieb
sie noch fester in sein Herz, und weil er gar nicht daran
zweifelte, erreichen zu können, was er anstrebte, so glich
er beständig dem Wanderer, der sein Ziel vor Augen, der
Mühen des Weges nicht achtet.

Da er fleißig und geschickt bei seiner Arbeit, vom
Morgen bis zum Abend unverdrossen war und der Wer=
nerin mit jener maschinenmäßigen Regelmäßigkeit, die ihr
einst so ärgerlich an ihm gewesen, die häuslichen Hülfs=
leistungen besorgte, so gab man es zu, daß er Abends,
wenn die Werkstatt geschlossen und das Abendbrod ge=
gessen war, eine Stunde fortging, und diese Stunde
brachte er meist bei seinem Pathen und Lehrer zu.

Die Begegnung mit dem Geheimrath, welche Hermann
einst die Reisebeschreibung eingetragen hatte, war für
Herrn Plattner von dauernder und guter Folge gewesen.
Er hatte regelmäßige Arbeit und sie schien ihm besser be=
zahlt zu werden als früher, denn das Feuer fehlte seit

Jahren in den Winterabenden seinem Stübchen nicht mehr,
und Sommers und Winters hatte Hermann seinen Unter=
richt von ihm, d. h. er durfte in des Kandidaten Stube
lesen und schreiben, was er wollte, und der Kandidat, der
jetzt Bücher geborgt bekommen konnte, so viel er irgend
mochte, ließ seinen Schützling an immer neuer Anregung
und Belehrung nicht Mangel leiden.

Herr Plattner las und schrieb, und Hermann las und
schrieb sich aus den Büchern ab, was er für sich zu be=
halten wünschte, und außer den kurzen Antworten, welche
den Fragen des Schülers folgten, hörte man keinen Laut
in dem engen Erkerstübchen. Ein Bett, eine Commode,
ein paar Stühle und der große Tisch von weißem Tannen=
holz, an dem die Beiden saßen, machten das ganze Mobi=
liar aus. Und doch enthielt das Zimmer Schätze, die zu
betrachten Hermann nicht müde werden konnte, wenn er
die Augen von seinen Büchern erhob, und die seinen Ge=
danken eine Richtung gaben, welche ihn abzog von Allem
was ihn sonst beschäftigte.

Es hingen zwei Bilder über dem Tische an der sonst
kahlen und verräucherten Wand, Bilder, die nicht zu die=
ser Wohnung gehören konnten. Das eine war nur mit
Oblaten angeklebt und mit Wasserfarben gemalt. Es
stellte ein Schloß dar, mit vielen Thürmen und sonderbar
geformten grünen Kuppeln auf denselben. Das andere

war ein ganz kleines Bild, in einen schmalen goldenen
Reif gefaßt, und es schien Licht auszugehen von diesem
kleinen Bilde durch das ganze Zimmer, so fremd es sich
auch in demselben ausnahm. Es war eine wunderschöne
Frau, ganz blaß, ganz jung, mit langen schwarzen Locken
und mit großen Augen. Hermann glaubte, daß sie immer
nach dem Kandidaten hinblickte, wo er sich auch befand.
Sie hatte ein weißes Kleid an und einen breiten goldenen
Gürtel mit Edelsteinen zum Schlosse. Um den Hals hatte
sie Perlen, und Perlen um die Arme, daß man sie hätte
für eine Königin halten mögen, wären ihre Augen nicht
so traurig gewesen.

Der Kandidat hatte niemals von den Bildern ge=
sprochen und Hermann hatte niemals gefragt, wo das
Schloß gelegen oder wer die schöne Dame sei; denn er
dachte, daß des Kandidaten Herz an diesen Bildern hing,
und er glaubte, daß derselbe nur deshalb so melancholisch
sei, weil er nicht in dem Schlosse und bei der Dame lebe.

Eines Abends hatte Hermann die Geschichte von dem
englischen Knaben Richard Whittington gelesen, der sich
vor jenen Jahren aus Noth und Elend heraufgearbeitet,
Würde und Ansehen erlangt hat und Bürgermeister von
London geworden ist. Als er das Buch zuklappte und
aufstand, um fortzugehen, sah er sich noch einmal in der
kleinen Stube um, sein Blick fiel auf die Bilder, fiel dann

5*

auf das blasse Antlitz und das früh ergraute Haar seines Freundes, und ohne zu bedenken, was er that, rief er im Selbstgespräch: „Unglücklich möchte ich nicht sein!"

Herr Plattner sah verwundert in die Höhe. „Was fällt Dir ein?" sagte er im Tone des Tadels über die unbefugte Störung.

Hätte Hermann irgend ein gleichgültiges Wort aus= gestoßen, so würde er nicht für nöthig gehalten haben, sich zu entschuldigen. Er fürchtete jedoch, der Kandidat könnte in seiner Seele gelesen haben, und gleichsam als Erklärung fügte er hinzu: „Ich meine, das könnte ich nicht aushalten, ich hätte nicht die Geduld dazu."

„Wozu?" fragte Herr Plattner.

Die Sache wurde ärger und ärger; aber eben weil er eine unverzagte Natur war, faßte Hermann sich ein Herz und sagte: „Ich hätte keine Geduld, unglücklich zu sein."

Der Kandidat wurde immer aufmerksamer. Er legte die Feder aus der Hand. „Und was wolltest Du machen, wenn ein Unglück über Dich käme?"

Hermann schwieg eine Weile, er traute sich mit seiner Rede nicht heraus, denn er wollte nicht gern etwas sagen, was seinen Beschützer kränken konnte, und doch rief er endlich, als könne er es nicht verschweigen: „Ich ginge dagegen an."

Herr Plattner nahm ihn bei der Hand. „Und wenn es stärker wäre als Du?"

„Dann liefe ich davon," versetzte Hermann, „oder —"

„Oder?" wiederholte der Kandidat und blickte seinem jungen Gefährten forschend in das Auge. Der junge Mensch wurde bestürzt. Die Ahnung, daß Herr Plattner in diesem Augenblicke an sein eigenes Schicksal denke, bemächtigte sich seiner, und mit seinem Verstande und gutem Willen einlenkend, meinte er: „Wenn ich nichts dagegen machen und ihm nicht entfliehen könnte, dann — dann würde ich's mir aus dem Sinne schlagen und gar nicht weiter daran denken."

„So hüte Dich, daß Du frei bleibest von Schuld," versetzte der Kandidat, indem er die Hand seines jungen Gefährten losließ und sich von ihm zu seiner Arbeit wendete.

Hermann blieb auf demselben Fleck stehen. Er sah das Bild der schönen jungen Frau an, er sah den Kandidaten an, dessen Haar an den eingesunkenen Schläfen schon grau geworden war, und er fühlte tiefes Mitleid mit ihm. Er wollte an ihn herantreten, er hatte Lust ihn zu umarmen, aber dergleichen Liebesbezeugungen waren ihm nicht geläufig, weil sie unter den Menschen, unter denen er lebte, nicht vorkamen, und etwas Ungewöhnliches gegen den Herrn Kandidaten zu thun, hielt der Respekt

ihn ab. So ging er endlich von dannen, ohne daß Herr
Plattner es beachtete, aber das Erlebte beschäftigte den
jungen Mann fort und fort, und immer wieder sagte er
sich: „Ich will nicht unglücklich werden, ich will glücklich
werden, wie der Meister Werner, und lernen und arbeiten,
bis ich's werde!"

VII.

Und Hermann hielt sich mit der Ausführung dieser
Vorsätze treulich Wort. Seine Lehrjahre fielen in die
Zeit, in welcher die Entwickelung der Gewerbe und die
Einführung des Maschinenbaues in Deutschland den großen Aufschwung nahmen. Die ersten bedeutenden Eisen-
bahnbauten waren eben ausgeführt worden, überall ent-
standen in Berlin neue Maschinenfabriken, junge, tüchtige
Arbeiter fanden leicht ein Unterkommen, und wo Gewerbtreibende, wo Handwerker bei einander waren, deren Arbeit irgend auf eine Weise mit dem Bedarf der neuen
Unternehmungen zusammenhing, war von denselben und
von den Aussichten die Rede, welche sie dem Handwerker
für alle Zukunft eröffneten und sicherten. Der und Jener
hatte Aufträge für Eisenbahnen erhalten, der Eine hatte
eine Lieferung an Werkzeugen für die Werkstätten der

Bahnhöfe übernommen, der Andere war auf der Eisen=
bahn in wenig Tagen große Strecken vorwärts gekommen,
war in wenig Wochen bis nach England und nach Frank=
reich gereist, und mit jeder solchen Mittheilung, die gele=
gentlich vor den Ohren des strebsamen jungen Menschen
gemacht wurde, eröffnete sich ihm der Blick in die Welt
und die Hoffnung, sich einst in ihr festsetzen zu können.

Es ist aber dafür gesorgt, daß die Bäume nicht in
den Himmel wachsen, und gegen das zu rasche Vorwärts=
streben finden sich die Hemmschuhe überall bereit. Wie
die Zeit sich auch entfalten, und was so mancher von
seinen Bekannten auch dadurch erwerben mochte, Meister
Brückner konnte nicht vorwärts kommen. Die Kinder
wurden immer größer, die Lebensmittel und das Leben in
der sich ausbreitenden Stadt wurden immer theurer, satt
werden wollten und mußten sie Alle, und mehr als ar=
beiten konnte der Meister doch nicht. Wenn auch die
Kinder, sobald sich die Gelegenheit dazu ereignete, ein
paar Groschen zu verdienen suchten, so verschlug das im=
mer nicht viel, und es war gut, daß der Kandidat nicht
mehr alle Tage vorsprach, denn der Mensch wird sorg=
licher mit den Jahren, und die Meisterin, die doch nicht
mehr so bei Kräften war, als in ihren jungen Tagen,
plagte sich viel mit dem Gedanken, wie es einmal mit
ihr und mit ihrem Manne und mit ihren Kindern werden

würde. Hätte sie das nur in ihrem Herzen behalten, so hätte das noch hingehen mögen, indeß sie konnte nicht verschweigen, was sie drückte, und ein Mann, der redlich seine Schuldigkeit thut, verdient nicht, immer daran erinnert zu werden, daß all' sein emsiger Fleiß nicht die Kraft hat, die Sorgen von seiner Schwelle fern zu halten. Der Vater machte die Kammerthüre zu, wenn die Mutter ihre muthlosen Tage hatte, sie mochte dann auch Niemand um sich leiden, weil, wie sie sagte, die Spinne an der Wand ihr in solchen Zeiten zuwider sein konnte, und die Geschwister hielten sich dann an den ältesten Bruder, der immer etwas Gutes zu erzählen, und wenn gar sonst nichts zu berichten oder kein Hoffnungslicht vorzuhalten war, ihnen doch ein schönes Gedicht herzusagen oder ein Buch zu borgen hatte, das er selbst von einem Andern für ein paar Wochen entliehen hatte.

So erreichten Hermann's Lehrjahre ihr Ende, und er hatte bei seinem Meister schon zwei Jahre als Geselle gearbeitet, da kam die Zeit heran, sich auf die Wanderschaft zu machen. Es war mitten im Sommer und das Wetter sehr schön und warm. Er hatte von Kindheit auf immer nur an's Wandern gedacht, und nun er auf dem Punkte stand, es ausführen zu können, war all' seine Lust dazu verschwunden.

Die Werkstatt war bereits geschlossen, die andern Ge-

sellen waren ihrer Wege gegangen, der Meister war im
Bürgerverein. Oben in Hermanns Bodenkammer lag der
neue Anzug, den er bei der Freisprechung getragen hatte,
sein Ränzel lag daneben, er hatte Alles beisammen, was
ihm nöthig war, und die Wernerin selber hatte ihm eine
Beisteuer zu seiner Ausrüstung gegeben, weil er, wie sie
eingestand, ein fleißiger Mensch sei und weil sie wußte,
daß er in den letzten Jahren jeden Heller, den er erübri=
gen können, nach Hause getragen hatte.

Die Wernerin saß auf ihrer Gallerie und hatte es
sich bequem gemacht. Sie hatte die Piquémütze abge=
nommen und das Halstuch gelüftet, daß die schwere gol=
dene Kette zu sehen war, die sie schon seit Jahren für
alle Tage um den Hals trug. Beide Füße waren gleich
sauber mit weißen Strümpfen und schwarzen Schuhen
bekleidet, denn in den heißen Sommertagen hatte sie das
böse Reißen nicht, und obschon sie einen großen Korb voll
Salat neben sich hatte, den sie selber putzte, konnte man
es ihren fetten weißen Händen wohl anmerken, daß sie
keine schwere Arbeit zu machen brauchte.

Man sah, daß es ihr recht wohl war, und Allem,
was sie umgab, war derselbe Stempel des Behagens auf=
gedrückt. Der Papagei stieg gemächlich in seinem Bauer um=
her und knupperte an seinem Zucker, der Kanarienvogel hatte
frische Salatblätter bekommen, die Bäume und die Laube

waren grün, und weil Lisette die Rosen so gern mochte,
hatte der Meister einige schöne Rosenstöcke in dem Hofe
einpflanzen lassen, die in voller Blüthe standen. Der
Rabe und der Storch schritten so ernsthaft in dem Hofe
umher wie sonst, und Hermann sollte nun fort auf die
Wanderschaft.

Er saß, wie das Abends geschah, wenn er nicht zu
dem Kandidaten ging, unten im Hofe und hatte ein Buch
bei sich. Schon seit drei Jahren war ein anderer Lehr=
ling dazugekommen, der die Hausarbeiten als Jüngster
übernehmen mußte, und seit Hermann Geselle geworden,
hatte er natürlich keine Hand mehr dabei angelegt. Heute
aber, als die Sonne so hell auf die weiße Wand des
Nachbarhauses schien und oben der blaue Himmel, so weit
man ihn zwischen den Dächern sehen konnte, überall leich=
tes, blaues Gewölk zeigte, und die Rosen so dufteten,
konnte er gar nicht lesen. Er sah die Wernerin an und
dachte an all' das Gute, das sie ihm gethan, und ob sie
denn auch noch so dasitzen würde, wenn er einmal von der
Wanderschaft heimkäme. Es fiel ihm ein, wie klein er
gewesen, als er zuerst als Laufjunge in ihren Dienst ge=
treten, wie schwer die Arbeit ihm damals geworden, und
wie oft sie ihn gescholten und gepufft hatte, und er mußte
darüber lachen, daß ihm also geschehen, denn er war jetzt
ein großer, starker Mensch, der in seinem zwanzigsten

Jahre stand, und er wußte, daß er sich sehen lassen
konnte.

Der Storch und der Rabe und der Papagei und der
Kanarienvogel waren nicht gewachsen, die waren gerade
wie vor Jahren, nur er war gewachsen, und Lisette war
groß geworden, aber gerade heute war sie nicht da.

Er hätte gewünscht, daß sie heute zu Hause geblieben
wäre. Sie war beinahe vierzehn Jahre alt, und sie sah
noch älter aus, weil sie so kräftig war. Den Engels-
köpfen an der Orgel glich sie jetzt nicht mehr, auch ihrer
Mutter ähnelte sie jetzt nicht. Sie hatte etwas ganz Besonderes in Miene und in Blick. Wenn sie Einem in
das Auge schaute, so meinte man, sie sähe durch und
durch bis in's Herz, und wenn sie etwas sagte, mußte
man es ihr auf's Wort glauben. Die Großeltern ließen
ihr in Allem den Willen, weil sie so vernünftig war, und
in der Schule hielten Lehrer und Kinder gleich viel auf
sie. Es kamen auch oft ganz vornehme Mädchen zu ihr
zum Besuch und die gute Stube wurde dann aufgemacht,
die Wernerin zog sich wie eine reiche Frau an, und keiner
von den Gesellen und Lehrlingen durfte sich dann blicken
lassen. Selbst wenn Einer von ihnen Lisette Abends nach
Hause holen ging, mußten sie sich anziehen wie am Sonntage, um ihr in dem fremden Hause keine Schande zu
machen.

Hermann hatte sie oftmals nach Hause geholt, aber er dachte heute zum ersten Male daran, daß er in seinen Arbeitskleidern nicht einmal für gut genug gehalten würde, den Bedienten Lisettens vorzustellen, und er hatte doch so oft mit ihr gespielt, er hatte sie doch so lieb gehabt. Es dünkte ihn, als sei er schon hundert Meilen von ihr entfernt, als lägen zwischen dem heutigen Mittag, an dem er sie bei Tische gesehen hatte, und zwischen diesem Abend, an dem er sie vermißte, viele lange Jahre.

Wo ist die Zeit hin, fragte er sich, in der mich so sehr danach verlangte, erwachsen zu sein? Nun bin ich erwachsen, und ich wollte, ich wäre wieder der Junge in den elenden Kleidern, dem sie Spottnamen nachriefen, und der hier im Hofe die Steine schichtete und das Küchenholz klein schlug.

Der Block stand dort auf der alten Stelle, das Beil lag daneben, die Thüre des Holzstalles stand offen, die Hühner gingen darin aus und ein. Hier werde ich auch kein Holz mehr schlagen, dachte er, und plötzlich stand er auf, legte sein Buch auf den Ständer der Gallerie, ging nach dem Holzstall, holte sich einen tüchtigen Korb voll Holz heraus und begann es zu spalten, mit einer Lust und mit einem Eifer, die ihm das Herz erfrischten, denn das Thun ist stets ein Mittel gegen das Erleiden.

Der Ton der Axt machte die Wernerin aufmerksam

auf ihn. Sie schüttelte den Kopf, als sie gewahrte, was er vorhatte.

„Was fällt Dir denn wieder ein, Hermann?" fragte sie ihn.

Er sagte, er hätte gern noch einmal seine alte Arbeit machen wollen.

„Unsinn!" rief die Wernerin und rückte sich die weiß= gescheuerte Holzbank unter dem schwachen Fuß zurück. „Hat schon je Einer einen Menschen gesehen, der Holz hackt zum Vergnügen! Sitze still, wenn Du nichts Bes= seres zu thun hast, Du wirst noch Wegs genug unter die Beine bekommen, bis Du einmal wieder hier an Ort und Stelle bist!"

Er konnte es aber nicht lassen, er mußte die Arbeit erst zu Ende machen, es kam ihm überhaupt vor, als würde hier Alles fehlen, wenn er nicht mehr dabei sei. Die Jugend hat das schöne Vorrecht sich noch für unent= behrlich zu halten, weil sie noch nicht oft genug erfahren hat, wie leicht die Wellen des täglichen Lebens über der Stelle zusammenschlagen, auf der durch die Entfernung eines Menschen eine Lücke zu entstehen scheint.

Er hielt sich alle seine bisherigen Obliegenheiten vor, alle die kleinen Dienste, die er freiwillig geleistet hatte. Die Eltern, die Geschwister, der Kandidat fielen ihm der Reihe nach ein, und dazwischen dachte er an die Pfeifen

des Meister Werner, die er immer noch rein gemacht, und
an die Blumenstöcke, die er für Lisette geschnitzt, und an
die Wallnüsse, die er in diesem Herbste nicht mehr ab=
nehmen helfen konnte. Während dessen schlug es neun
Uhr vom Kirchthurm. Die Wernerin hatte die Füße lang
vor sich ausgestreckt und die Hände über den Leib gefaltet.
Hermann wußte nicht, ob sie wache oder schlafe. Der
Meister mußte nun auch bald zu Hause kommen, und es
war Zeit, Lisette abzuholen, die weit unten in der Stra=
lauer Straße auf Besuch geladen war.

„Frau Wernerin!" rief er, auf die Gefahr sie zu er=
wecken, „wer wird denn die Lisette abholen gehen?"

„Willst Du heute Alles thun?" fragte sie spottend.
„Du denkst, nun geht's in Einem hin und Du bist's los."

Er achtete auf diesen Spott nicht. „Soll ich gehen?"
fragte er.

„Nein!" versetzte sie sehr bestimmt, und eine Weile
blieb es still.

Wenn die Wernerin wollte, hörte sie das Gras wach=
sen, und sie wußte die Leute zu nehmen und zurecht zu
setzen, wie wenig Andere es verstanden. Sie ließ Her=
mann ruhig sitzen, eine geraume Zeit, bis es ganz dunkel
im Hofe wurde. Dann sagte sie mit einem Male: „Einer
ist doch wie der Andere! Erst, wenn man sie in's Haus
bekommt, da denken sie Wunder wie schwer sie's haben,

und denken, der Meister verlangt zu viel und mit der Meisterin ist nicht auszukommen, und wenn nachher die Zeit um
ist, dann möchten sie Dies thun und Jenes thun, und
das Herz ist ihnen schwer und sie denken, sie könnten's
nicht vergessen und fänden es nicht wieder so gut. Aber
so wie Du hat schon Mancher hier gesessen! Das geht
und kommt, und ist Einer das Wandern und Wechseln
erst gewohnt, da lacht er darüber, daß er einmal so schwer
vom Fleck fortgekonnt hat."

Wenn man einem Menschen, der ein Besonderes zu
empfinden glaubt, plötzlich bemerkt, daß er nur ein ganz
Gewöhnliches erlebe, so ernüchtert man ihn und demüthigt
ihn zugleich, und Hermann hatte auf die Rede der Meisterin nur die Antwort: „Ich denke heute nur immer, ob
denn auch noch Alles hier so sein wird, wenn ich wieder
einmal hier vorkommen sollte."

„Ih, Gott bewahre!" rief die Meisterin, die immer
munterer zu werden schien. „Heute und morgen wirst Du
ja nicht wiederkommen, und in vier oder fünf Jahren
muß hier ein junger Meister sein. Für Nichts und wieder Nichts hat der Meister das Grundstück vor dem
Thore nicht gekauft. Wir wollen uns auch einmal zur
Ruhe setzen, und ein Mädchen, das nicht Vater, nicht
Mutter hat, wie die Lisette, das muß je eher je lieber
einen Mann bekommen, damit es nicht einsam und ver-

laſſen daſteht in der Welt, wenn wir Beide einmal die Augen zumachen.“

Dagegen war nichts zu ſagen. Es war Alles wahr und richtig. Hermann hatte ſich oft genug vorgeſtellt, daß es ſo kommen werde, kommen müſſe; zu Hauſe redeten ſie immer in derſelben Weiſe davon, aber es klang ihm heute, da die Meiſterin es ausſprach, widerwärtig und unglaublich zu gleicher Zeit. Er ſagte nichts dazu — was hätte er auch ſagen ſollen. Er bot der Meiſterin eine gute Nacht. Sie ſagte, obſchon ſo Etwas ſonſt gar nicht ihre Art war: „Schlaf’ Dich nur noch ſatt, ſo lange Du hier biſt, unterwegs bekommſt Du ſolche Betten wie bei uns gewiß nicht wieder.“

Sie war ſehr zufrieden mit ſich, als er ſchweigend nach ſeiner Kammer ging. „Käme er nicht bald fort,“ dachte ſie, „ſo hätte ich ihm anders gedient. Aber das kommt von dem Leſen und Schreiben her; ohne das hätte er den großen Nagel nicht im Kopfe. Der wird ihm auf der Wanderſchaft ſchon ausgetrieben werden.“

<hr />

VIII.

Am Montag ſollte Hermann ſeine Wanderſchaft beginnen, der Sonntag gehörte noch ganz ihm ſelbſt. Früh am Vormittage ging er in die Wohnung seiner Eltern. Die Mutter war in die Kirche gegangen, die Schwestern nähten zu Hause, der Bruder war bei dem Vater in der Lehre und arbeitete trotz des Feiertags mit ihm, und Hermann sah gleich, daß es in den letzten Tagen nicht ganz friedlich zu Hause gewesen sein mußte, denn der Vater hatte sich verbarrikadirt, und saß für sich allein, wie er das nannte.

Das hatte er sonst wohl auch gethan, aber es war immer kein gutes Zeichen gewesen. Wenn ihm früher der Kinderlärm und die Unruhe einmal zu groß geworden waren, so hatte er eine alte Kiste aus der Kammer herbeigezogen und seinen Schemel darauf gesetzt, daß er höher saß als auf einem Schneidertische, und sich erhaben fühlte über all das kleine Treiben neben und um ihn her. Die Gewohnheit hatte er beibehalten, nur daß er sie jetzt nicht mehr der kleinen Kinder wegen zur Ausführung brachte, und da der Mensch von den Vorstellungen abhängig ist, die er selbst sich von den Ereignissen seines täglichen Lebens bildet, so fühlte Meister Brückner sich gleich befreit, wenn er den Gedanken faßte, sich durch Absonderung von den Seinen zu befreien. Er sah schon wieder ganz munter aus, als der Sohn mit der Frage: „Nun, Vater, wie geht's?" an ihn heran trat.

„Gut geht's, Junge, gut geht's!" versetzte der Vater.

„Wenn Du erst draußen auf der Wanderschaft sein wirst, so wirst Du erfahren, wie dem Menschen gleich anders zu Muthe wird, wenn er auf die Berge kommt. Bin ich erst hier oben auf meinem Berge, dann frage ich nach nichts und schlage mir alle Sorgen aus dem Sinn, die die Mutter sich Sonntags immer erst wegpredigen lassen muß. Mein Vater ist in die Siebenzig gekommen, und als er nicht weiter gekonnt hat, haben wir ihm geholfen, der Bruder Bäcker und ich, und unter siebenzig Jahren gehe ich auch nicht davon, und wenn ich nicht mehr arbeiten kann, so seid Ihr ja da! Du hast's ja so von klein an vorgehabt, ein reicher Mann zu werden, und der Kerl bist Du danach, einer reichen Meisterstochter in die Augen zu stechen!"

„Es soll wohl auch ohne das gehen," meinte Hermann, während ihm doch das Blut zu Kopfe stieg. „Nun ich ein Jahr Geselle gewesen bin und besser Bescheid weiß mit den Dingen, weiß ich auch, was ich zu thun habe. Mein Sinn ist auf die Mechanik und auf die feinen Maschinen gerichtet, die haben schon Manchen vorwärts gebracht und sollen mich auch vorwärts bringen. Ich gehe gerades Weges nach Hamburg. Habe ich dort so viel zusammengebracht, daß ich die Ueberfahrt bezahlen kann, so mache ich mich auf nach England. In Manchester geht es unserem früheren Werkführer sehr gut. Er hat mich neulich erst grüßen lassen, und bin ich einmal drüben, so brauchen sie dort Arbeiter so gut wie hier."

„Also," sagte der Vater, „mit den Geschichten von damals ist's nichts mehr? Zum Halle'schen Thor hinaus nach der Wüste wird nicht mehr gelaufen?" — Er gefiel sich darin, den Sohn an die Tage zu erinnern, in welchen er noch ein Kind und von dem Vater abhängig und dieser ihm überlegen gewesen war, denn es mochte ihm wohl die Ahnung kommen, daß die Zeit für immer vorüber sei.

„Ich sage nicht nein, wenn von der Wüste die Rede ist. Ich möchte die alten heißen Länder doch einmal sehen, und von England kommt man wohl am ehesten dazu!" versetzte der Sohn.

Der Meister schlug mit kräftigem Schlage ein paar Zwecken ein und sah dann gegen das Fenster empor. „Wie die Kerle sich wundern!" rief er lachend; „wundert Euch aber nur immer darauf los!"

„Von wem sprechen Sie, Vater?" fragte der Sohn.

„Sieh Dir 'mal die Spatzen an! Die kommen Jahr ein, Jahr aus hier an meine Fenster und kennen mich so gut, wie ich sie, und die sind so klug, daß sie wissen, was es auf sich hat, wenn ich hier oben sitze. Sie haben dann einen ganz aparten Ton; es klingt immer, als riefen sie: komm 'rauf! komm 'rauf! und dann fliegen sie in die

6*

Höhe, als wollten sie zeigen, wie gut der's hat, dem Niemand nach kann. Ich glaub's ganz fest, daß alle Thiere Verstand und ihre Sprache haben, und daß sie klüger sind als wir, denn sie lernen uns verstehen, wir sie nicht! — Wie willst Du denn fertig werden mit dem Englischen in dem fremden Lande?"

Der Sohn kannte den Vater. Wenn er seinen Gedanken und Träumen in so abspringender Weise Worte gab, wenn er von dem Nächsten auf das Fernste und dann wieder zu dem eigentlichen Gegenstande seiner Sorge überging, war er immer sehr gerührt und deshalb bemüht, sich seine Bewegung fortzuscherzen, und Hermann selber blickte mit Wehmuth auf das treue graue Haupt, auf die arbeitsgefurchte unermüdliche Hand seines Vaters hin. Alle Tage seiner Kindheit gingen an ihm vorüber, alle Sorge, die der Vater für ihn getragen, erfüllte ihn mit Liebe und Dankbarkeit, und er hatte noch etwas auf dem Herzen, das er ihm zu sagen hatte, und woran er dachte und dachte, während sie bald von Diesem bald von Jenem sprachen, und was er ihm doch nur sagen konnte, wenn Niemand sonst es hörte.

Endlich entfernten die Schwestern sich eine nach der andern und endlich wurde auch der Bruder fortgeschickt, ein Paar eben fertig gewordene, frisch eingewichste Stiefel noch rasch zu einem Kunden fortzutragen. Nun konnte es geschehen, nun mußte es geschehen; und Hermann ging und setzte sich auf den Schemel, auf welchem sein Bruder sonst saß, und sah zu dem Vater auf seinen Berg hinauf, wie er zu ihm hinaufgeblickt als kleiner Knabe, da der Vater ihm noch groß, sehr groß erschienen war, und das Gefühl knabenhafter Scheu und Ehrfurcht kam wieder über ihn. Er überlegte hin und her und sagte zuletzt: „Der Mutter ist's recht zu gönnen, daß sie sich guten Muth in der Kirche holt, sie ist von Jahr zu Jahr verzagter geworden. Sie vergißt immer, daß Eltern mehr als vier eigene Arme haben, wenn sie Kinder haben, und ich hab's ihr doch bewiesen, so gut ich konnte."

„Was?" fragte der Vater.

„Daß ich mehr erwerben kann, als ich brauche," entgegnete Hermann. „Wenn sie sich gar zu viel Gedanken machte, bin ich eingesprungen, und dann war sie für eine Weile auch beruhigt, nur daß sie nicht lange vorzuhalten pflegten — das Bischen Geld und das Bischen Beruhigung."

Er war froh, daß er so weit gekommen war und es ausgesprochen hatte, daß er der Mutter oftmals schon Geld gegeben, und daß sie's angenommen. Nun konnte er, da der Vater nichts dagegen eingewendet, schon mit leichterm Herzen vorwärts gehen. „Vorigen Winter und im letzten Frühjahr, als wir auf Stück arbeiteten, weil

es so sehr pressirte, haben wir sehr guten Verdienst ge=
habt."

„Ih, das glaub' ich! Die Meister sagten's ja selbst,
daß es flott ging dazumal," meinte der Vater. „Da hät=
test Du Dir nun was zurücklegen sollen für die Wander=
schaft."

„Das hab' ich auch gethan," fiel der Sohn rasch ein.
„Ich habe für ein gut Ende Weges das Fortkommen bei
mir in der Tasche; aber," fügte er lebhafter hinzu, „all=
zuviel muß man nicht bei sich tragen, weil man's doch
einbüßen kann auf die eine oder die andere Art. Hier
sind noch einundzwanzig Thaler" — er griff in die Tasche,
holte ein weißes, sauber zusammengefaltetes Papier her=
aus, in dem er das Geld eingewickelt hatte, und legte es
vor den Vater auf den Tisch hin — „hier sind einund=
zwanzig Thaler, die möchte ich zu Hause lassen, Vater!
Und wenn die Arbeit einmal nicht recht geht und die
Mutter macht sich zu viel Gedanken, so nehmen Sie da=
von und geben Sie's ihr, wie sie's gerade braucht. Bis
es zu Ende ist, kann ich wohl wieder einmal was Neues
schicken."

Hermann trocknete sich die Stirn, nun war's ihm
leicht um's Herz, nun war's herunter. Der Vater hielt
den alten Stiefel, an dem er den neuen Absatz aufschlug,
zwischen den Knieen fest und schlug die Arme über die

Bruſt zuſammen. So ſah er den Sohn eine Weile an.
Dann fragte er: „Warum giebſt Du's ihr denn nicht
ſelbſt?"

Der Sohn zuckte die Schultern. „Ich dachte, wenn's
ſo ab und zu käme, heute ein paar Groſchen und näch=
ſtens wieder ein paar, ſo hielte die Freude länger vor,
und wenn Sie's ihr geben könnten, daß ſie glaubte, es
käme von Ihnen, Vater, ſo behielte ſie beſſern Muth und
Sie brauchten ſich nicht auf den Berg zu begeben, mit
dem Sie noch einmal ein Unglück haben werden, denn die
alte Kiſte iſt halbwegs aus den Fugen. Kommen Sie
lieber herunter! Der Teufel hat oft ſein Spiel. Wenn
Sie heute ein Unglück hätten, könnten Sie mir morgen
nicht einmal das Geleite geben."

Der Meiſter ließ den Stiefel und das Werkzeug
fallen, der Sohn bückte ſich, es aufzuheben, und als der
Vater heruntergeſtiegen war, legte er dem Sohne die
Hand auf die Schulter. „Wenn's Dir einmal nicht glückt
in der Welt und nicht gut geht," ſagte er, „ſo hat Gott
im Himmel kein Einſehen mehr!" — Damit ſteckte er das
Geld fort und es war nicht mehr davon die Rede, aber
ſie ſahen Beide hell aus, wie das Wetter draußen, der
Vater und der Sohn; Hermann fing ſelber an zu glau=
ben, daß die Vögel etwas von dem Thun und Sprechen
der Menſchen verſtehen müßten, denn die Spatzen flogen

in ihrer Lustigkeit und Freude ihnen fast in das Zimmer
herein. Und als die Mutter aus der Kirche kam und sah,
daß der Vater vom Berge herniedergestiegen, war sie
dessen herzlich froh, und es war ein guter, friedensvoller
Sonntag, den man in des Schusters Wohnung verlebte.

IX.

Hermann hatte sich bei dem Herrn Kandidaten für den
Nachmittag angesagt, sie wollten noch einmal zusammen
spazieren gehen. Das war an Sonntagen öfter vorge-
kommen, seit es dem Herrn Kandidaten besser ging und
er sich einen neuen Anzug angeschafft hatte, mit dem er
sich vor den Leuten sehen lassen konnte. Und doch hätte
er zu seinen Spaziergängen den neuen Anzug gar nicht
nöthig gehabt, denn er vermied die Orte, an denen er
Menschen fand, und wenn sie sich zusammen auf den Weg
machten, so gingen sie rasch durch die Stadt, schlugen
dann den ersten besten Feldweg ein und suchten das Ufer
der Spree oder sonst ein Wasser zu erreichen; denn wenn
er am Wasser war, ging ihm das Herz auf, das Wasser
war seine Sehnsucht und sein Element. In der Einsam-
keit am Wasser da konnte er sprechen, in der Stadt und
unter den Menschen in den Straßen versagte dem Kandidaten das Wort.

Draußen vor der Stadt, wo die Spree sich zwischen grünem Wiesenlande hinzieht und hier und da eine Weide am Wasser steht oder ein kleiner Erlenbusch die Fläche unterbricht, war Alles still. Die Schwalben schossen leicht über das Wasser hin, ein paar Störche stiegen bedächtig in den Wiesen umher, mit ruhigem Auge ihre Beute suchend. An einer Stelle, nicht fern vom Wasserrande, lag ein gefällter Weidenstamm. Auf diesen setzte sich Herr Platt= ner nieder, Hermann nahm an seiner Seite Platz und der Kandidat schaute, wie das seine Art war, lange und unver= wandten Auges in das Wasser, bis er sich aufrichtete und zu Hermann sagte: „Du hast mich oft darauf angeblickt, wenn ich so vor dem Wasser saß, hast Dir wohl auch Deine Gedanken darüber gemacht, was ich an dem Wasser habe, und nun Du fortgehst, kann ich es Dir sagen: das Wasser hat mich am Leben erhalten, und das war doch gut um Deinetwillen!"

„Ja, gewiß war's gut!" rief Hermann, „aber ich wußte nicht, daß Sie das Wasser für sich so heilsam glaubten."

„Heilsam!" wiederholte der Kandidat, „heilsam war es mir! ja, heilsam ganz und gar. Wenn ich mich einsam am Wasser befand, wenn ich hinabsah in die dunkle Tiefe, die so viel verbergen kann, und so ruhig hinfließt über Alles, was sie verborgen hat, daß kein Auge es mehr sieht, dann sagte ich mir: Du brauchst nur zu wollen und in einem Augenblicke ist Alles vorüber, in einem Augenblicke drückt dich nichts mehr, bist du frei! Frei von Schmerz, frei von Rückerinnerung, frei von den bösen Träumen, die dich quälen, frei von Reue! von Reue, die das Gift des Lebens ist! Und diese Möglichkeit der Freiheit ließ mich ausharren, ausharren um Deinetwillen, merk' Dir's wohl, um Deinetwillen!"

Der Kandidat sprach das in einer Weise, wie Hermann noch nie einen Menschen reden gehört hatte. Es war feierlicher als des Predigers Wort, das von der Kanzel her zu der Gemeinde spricht, es war die Offenbarung einer Seele an die andere.

„Herr Kandidat!" rief Hermann, dem sich das Herz zusammenkrampfte bei der Vorstellung, auf welcher Grenzscheide das Leben seines Lehrers und Freundes oft gestanden hatte, „Herr Kandidat, Sie werden doch nicht —"

„Nein!" versetzte Plattner, „ich werde mein Leben nicht enden, ehe es von selber endet, denn ich weiß jetzt, daß man noch zu Etwas nütze sein kann auf der Erde, wenn man lange die Lust verloren hat, auf ihr zu wandeln. Aber warum sollte ich Dir's verbergen, da Du Mann genug geworden bist es zu hören? Als ich Deinem Vater und Deiner Mutter zuerst begegnete vor jenen langen Jahren, da war ich auf dem Wege auszuführen, was der Mensch nicht ausführen soll; denn er ist eine Kraft im

Weltall und jede bewußte Kraft muß aufgebraucht werden
bis an ihr Ende."

Hermann hatte unwillkürlich sein Gesicht in seine Hände
verborgen, er wollte nicht sehen lassen, was in ihm vorging, aber es litt ihn nicht zu schweigen, und mit der
Freiheit, welche seine vorgeschrittene Bildung und sein
vorgeschrittenes Alter ihm gewährten, seinen Arm um die
Schulter des Kandidaten legend, sagte er: „Warum ver-
zagten Sie denn so sehr am Leben? was drängte Sie zum
Tode hin?"

Der Kandidat antwortete nicht gleich. Sein Blick
hing schweigend und finster an dem Boden, dann schlug
er plötzlich das Auge zu dem jungen Mann empor und
sprach: „Du hast einmal gesagt: ich möchte nicht unglücklich sein! Dies Knabenwort ist mir damals tief in's Herz
gedrungen, und ich habe Dir geantwortet: so hüte Dich
vor Schuld! — Denn es hat eine Zeit gegeben, in der
auch ich dachte: ich möchte nicht unglücklich sein! in der
ich glaubte, ich könne es niemals werden, in der ich mich
für den Glücklichsten der Menschen hielt, und in der ich
es beinahe vergessen hatte, daß kein Glück von Dauer ist,
welches auf dem Boden der Sünde erwächst." — Er hielt
wieder inne und sagte dann fast klanglos: „Sie brach
auch schnell genug zusammen, die schöne Welt, und sie hat
viel, viel begraben und verschüttet in ihrem Sturz."

Hermann bezwang sich nicht länger, er mußte viel, er mußte Alles wissen. „Wo war das?" fragte er, „in dem Schloße mit den grünen Kuppelthürmen?"

Der Kandidat sah ihn an, als habe Jener ein Zauber=wort gesprochen, das ihm die Lippen löse. „Wer hat Dir das gesagt?" rief er, und sein Gesicht durchflogen die Schatten der widersprechendsten Empfindungen. „Wer hat Dir das gesagt?"

„Ich dachte mir, das müßte wohl das Schloß sein, in dem Sie einst gelebt in Rußland," versetzte Hermann.

„Ja! das ist das Schloß!" bedeutete der Kandidat, und halb zu seinem jungen Gefährten, halb zu sich selber redend, sagte er in Rückerinnerung versunken: „Zweiund=dreißig Jahre war ich alt, als ich es zuerst betrat. Die Sonne lag heiß über seinen Kuppeln, die goldenen Spitzen funkelten in ihrem Licht. In dem großen Saal zu ebener Erde empfing mich Fürst Michael. Er hatte seinen Sohn an der Hand, der schön war, wie ich kein Kind gesehen, denn er sah aus wie sie, wie die Mutter. Ich war fast dreiviertel Jahr in dem Schloße, als sie zurückkehrte. Man hatte geglaubt, sie litte an der Brust, und man hatte Heilung für sie von einem deutschen Arzte gehofft, unter dessen Behandlung sie in Deutschland gelebt. Wie ihr Bild sie zeigt, so erblickte ich sie zum ersten Male. Es waren Gäste geladen aus der Gouvernementsstadt, ich

hatte ihr den Knaben beim Nachtisch in den Saal zu
führen. Man fand ihn fortgeschritten, körperlich und
geistig gekräftigt und entwickelt, und sie sagte mir das.
Sie sagte: ‚Er ist mein einziges Gut, und seit ich Ihre
Briefe über meinen Alexander erhalten hatte, konnte ich
es besser ertragen, allein und fern von ihm zu leben.
Ich wußte ihn wohl aufgehoben in Ihrer Huth!‘

„Ich sah sie alle Tage, ich konnte es bald bemerken,
daß sie wahr gesprochen hatte. Sie lebte nur für ihren
Sohn, der Fürst war ihr ein Fremder und er liebte sie
nicht. Er hatte nur e i n e Leidenschaft, die Eitelkeit. Er
lebte nicht für sich, er empfand, er erwarb, er existirte nur
für und durch die Meinung und den Beifall seiner Um=
gebung. Er wollte die höchsten Orden, er wollte die
schönsten Pferde, das schönste Schloß, die ersten Kunst=
werke haben, er wollte das schönste Weib besitzen und
Vera mußte die reichsten Kleider tragen und einen Schmuck,
den die Frauen ihr beneideten. Was sie selber wünschte,
was sie glücklich machen konnte, das bekümmerte ihn nicht.
Er hatte, was er wollte, sie mochte sehen, wie sie mit sich
fertig wurde.“

Es flog ein bitteres Lächeln über die eingesunkenen
Züge des Kandidaten, und doch sah er in diesem Augen=
blick anders, jünger, stolzer aus, als Hermann ihn je ge=
kannt hatte. Er hob den Kopf empor, sein Auge sank

nicht wie sonst gedrückt hernieder. Hermann hütete sich
zu reden, da Jener schwieg; er mochte die Erinnerungen
seines Freundes nicht unterbrechen, der nach einer Weile
weiter zu erzählen anhob:

„Sie war ein halbes Kind gewesen, als man sie aus
dem Kloster nahm, um sie dem Fürsten zu verbinden, und
ohne Ahnung ihres Werthes, ohne Kenntniß ihres Her=
zens war sie in die Welt getreten; man hatte sie auch
nicht so unterrichtet, daß es ihr leicht geworden wäre, sich
fortzubilden, sich zu entwickeln. Ihr Aufenthalt in Deutsch=
land, ihr Verkehr mit bedeutenden Menschen hatten ihre
Wißbegier erregt. Sie hatte einsehen lernen, was ihr
fehlte und was sie besaß. Mehr noch als ihr Sohn wurde
sie meine Schülerin. Sie lernte das Deutsche von mir,
ich weihte sie ein in den Geist unserer Sprache, ich lehrte
sie unsere Dichter, unsere Denker kennen und lieben.
Jenes Gedicht von Schiller, dessen Bruchstück Du einst
als Knabe gefunden, die Theilung der Erde, die ich Dir
und den Deinen damals auf Deine Bitte vorgesprochen,
das waren die ersten deutschen Verse, die sie gelernt.
Von ihren Lippen hatte ich jenes Gedicht vernommen. Die
Verschiedenheit meiner Zustände war schlagend und ergriff
mich gewaltig. Ihr freutet Euch und konntet nicht wissen,
was an dem Abend in mir vorging.

„Alles, was sich ihr nahte, hing ihr mit Liebe an,

und ich liebte sie auch), ich liebte sie mit allen meinen Kräften. Jahre lang bewahrte ich dies Geheimniß in meiner Brust. Ein unbewachter Augenblick entriß es mir, und dieser Augenblick entschied über meine Zukunft. Meine Liebe ward erwidert, alle meine Vorsätze, all' mein Pflichtgefühl sanken vor der Gewißheit in ein Nichts zusammen. Ich genoß fünf Jahre eines berauschenden, sinnverwirrenden Glückes, wir vergaßen Alles, unsere Pflicht, das Gesetz und die Welt um uns her.

„Der junge Fürst war inzwischen sechszehn Jahre alt geworden und hatte sich, wie es in jenen Regionen der Fall ist, schnell und früh entwickelt. Er hing an seiner Mutter und an mir mit großer Liebe, aber er war auch seinem Vater sehr ergeben, der ihn mehr und mehr an sich zu fesseln wußte. Fürst Michael war ein leidenschaftlicher Jäger, sein Sohn theilte diese Neigung. Eines Tages war der Fürst mit seinen Gästen auf die Jagd gefahren und hatte den Sohn mit sich genommen. Wir waren allein, die Fürstin und ich; das schöne Wetter lockte uns hinaus. Wir wußten, nach welcher Seite hin der Fürst gefahren war und machten uns auf der entgegengesetzten Seite auf den Weg. Die Fürstin liebte es, sich dem Gedanken hinzugeben, wie glücklich sie sein könnte, wenn sie mir einst, nachdem ich die Erziehung ihres Sohnes vollendet haben würde, in meine Heimath folgen und

dort in dem entlegensten Orte, unter fremdem Namen
neben mir leben könnte. Oftmals hatte sie den Plan zur
Flucht mit mir durchdacht, und als wir so einsam selb=
ander uns weiter und weiter von dem Schlosse entfernten,
als wir durch die Stille des Wiesenlandes dahinschritten,
tauchten jene Träume und Wünsche, so unausführbar sie
auch waren, doch wieder als Spiel der Phantasie in uns
empor, daß wir uns darin versenkten und uns darin ge=
fielen, uns als Wanderer oder Pilger zu betrachten, welche
sich auf dem Wege zu jenem ersehnten Ziele befänden.
Die Sonne stand hoch am Himmel, der scheidende Som=
mer hatte die schmalen Wiesengründe vor dem nahen
Walde, dessen letzte einzelne Erlenpartien sich bis an das
Ufer erstreckten, noch einmal mit zahllosen Blumen ge=
schmückt, daß sie wie ein Teppich anzusehen waren. Am
Rande des Flusses blühte das Schilf, die braunen, glatt=
haarigen Dolden standen auf den grünen Stengeln hoch
empor, die Weiden glänzten silbern, wo die Sonne ihre
Blätter traf. Kein Laut war zu hören außer dem Sang
der Lerche und dem Schwirren der Insekten. Hier und
da sprang ein Fisch aus dem Wasser hervor, als wolle er
auch sein Theil an Licht und Wärme haben, und wir
standen am Wasser und schauten auf seinen schnellen
Strom, und ich sagte: ‚Der geht, wohin auch wir gern
gingen!‘

„Sie hatte ihren Arm um meinen Nacken gelegt, ich führte sie voll reiner Freude an meiner Seite. Plötzlich fiel aus dem größten der Erlenbüsche ein Schuß, und in demselben Augenblicke stürzte sie lautlos neben mir zu Boden, daß ihr Antlitz in den Fluß hinabsank. Ich sprang empor, ich wollte sie erheben, der junge Fürst war schon an meiner Seite. ‚Flieh! flieh!‘ rief er außer sich und athemlos, und warf sich zwischen mich und seinen Vater, dessen Rohr auf mich gerichtet war — aber der Tod, den ich ersehnte, wurde mir nicht zu Theil.“

Der Kandidat machte eine Pause, Hermann athmete kaum vor Spannung. „Und wie entkamen Sie?“ fragte er endlich.

Der Kandidat sah empor und blickte ihn an, als habe er Hermanns Gegenwart ganz und gar vergessen. Dann fuhr er sich mit der Hand über die Augen und sagte: „Wie ich entkam?“ — und noch einmal hielt er inne. „Wie ich entkam?“ nahm er dann das Wort, „ich weiß es selber kaum. Die Gäste hatten den Fürsten umringt, man mußte ihn entwaffnet haben. Ich hörte die Ausbrüche seiner Verzweiflung, seiner Wuth, ich sah, wie der Bruder der Fürstin, wie ihr Sohn die Leiche emporhoben und wie Alexander, als man sie wieder zur Erde legte, mit einem Schmerzensschrei auf sie herniedersank. Ich wollte zu ihr, ich wollte mein Leben enden in dem Flusse, der

mein letztes Glück zurückgespiegelt, man führte mich fort,
um mich der Rache ihres Gatten, um ihm meinen An=
blick zu entziehen. Man band mir die Hände. Auf einem
der Jagdwagen, die inzwischen herbeigekommen waren,
brachte man mich nach dem Schlosse des Grafen Stephan,
des Bruders der Gemordeten. Spät am Abend kam der
junge Fürst zu mir. Die letzten Stunden hatten ihn um
Jahre gereift. Er war blaß wie ein Todter, er sah sei=
ner Mutter ähnlicher denn je.

„‚Mein Vater will Ihren Tod!‘ sagte er tonlos, ‚aber
es ist des Unglücks hier genug geschehen. Mein Onkel
und ich wünschen Sie zu retten, um die Ehre unseres
Hauses und den Namen meiner Mutter nicht Preis zu
geben. Unsere Freunde haben uns ihr Wort verpfändet,
unsere Leute müssen schweigen. Man wird sagen, das
Gewehr meines Vaters habe sich zufällig entladen und
meine Mutter sei dadurch getödtet worden. Mein Vater
wird sich, ich hoffe es, bewegen lassen, mit mir in's Aus=
land zu gehen. Auf diese Weise wird Ihre Entfernung
nicht bemerkt und das Geheimniß nicht verrathen werden.
Unten steht ein Fuhrwerk bereit, es wird Sie noch in
dieser Nacht zur Kreisstadt bringen. Suchen Sie die
Grenze so bald als möglich zu erreichen und hüten Sie
sich, meinem Vater zu begegnen. Der Schuß, der mir
die Mutter nahm, war Ihnen bestimmt. Leben Sie wohl!‘

„Er entfernte sich; auf mir lastete es wie Verdamm= niß. Schwerer als Alles, was ich seit den letzten Stun= den erlebt, so grausenhaft es auch gewesen, war mir das Gericht, das mein Zögling in diesem Augenblick über mich hielt. Ich hatte ihn geliebt, wie einen Sohn, er hatte voll Vertrauen und voll Verehrung zu mir emporgesehen, und seine Liebe für seine Mutter war der reinste Cultus seines Herzens gewesen. Das Alles hatte ich vernichtet. Dem Jünglinge, dessen Seele ich zu bilden, zu erheben übernommen, den ich auf den Pfad der Sittlichkeit und Pflichterfüllung führen sollen, dem Jünglinge hatte ich mit einem Schlage den Glauben an die eigene Mutter und an den Mann geraubt, der ihm ein Vorbild sein sollen. Er war noch unglücklicher als ich, er mußte enttäuscht und ohne Glauben den Weg in's Leben gehen. Rein wie meine Liebe zu seiner Mutter auch gewesen, war sie ein Verbrechen vor Gott und vor den Menschen, denn die Fürstin war eines Andern Weib.

„Ich sah, daß der junge Fürst zaudernd an der Thüre stehen blieb und rief seinen Namen. Er flog auf mich zu, wir sanken einander weinend in die Arme und schieden wortlos für immer."

Der Kandidat seufzte tief. „Was nun noch folgt," sagte er mit ganz verändertem Tone, „ist kaum der Er= wähnung werth. Am andern Morgen befand ich mich in

7*

der Kreisstadt, acht Tage später betrat ich die deutsche
Erde wieder, ein armer, und was schlimmer ist, ein hoff=
nungsloser Mann. Die Baarschaft, welche ich bei mir
getragen, hatte eben hingereicht, mich bis nach Deutsch=
land zu bringen; ein Pack Banknoten, welche ich, von der
Hand des jungen Fürsten an mich adressirt, in dem Fuhr=
werk des Grafen vorgefunden, hatte ich an ihn zurück=
gesendet. Ich hatte nichts mit mir genommen, als ihr
Bild, das ich auf meinem Herzen trug, und meine Erin=
nerungen, meine Schmerzen, meine Reue. Ich hatte keine
Wünsche mehr, und kaum weiß ich selber, was mich da=
mals abhielt, mein Leben zu beenden, oder weshalb ich es
zu fristen suchte. Ich hatte keine Blutsverwandten, mei=
nen früheren Lebensgenossen mochte ich nicht begegnen,
meine theologische Laufbahn zu verfolgen, hielt mein Be=
wußtsein mich ab. Ich hatte das Recht zu lehren für
alle Zeiten verscherzt, ich durfte die Kanzel, den Katheder
nicht besteigen, ohne eine Sünde wider den heiligen Geist
zu begehen. So kam ich zu dem Broderwerb, den ich jetzt
übe, so fand Dein Vater mich, so fand ich Euch, und
ahnte es nicht, daß Du, der Knabe, den ich mit hartem
Urtheil wider mich, einst aus der Taufe hob, mir zum
Befreier, zum Erhalter werden solltest."

„Ich?" rief Hermann, und die hellen Thränen traten

ihm in die Augen, „ich? was habe ich denn je für Sie
gethan?"

Der Kandidat sah ihn lange nachdenklich an. „Reue
und Buße besänftigen die Qualen des Gewissens nicht.
Sie sind Erleidnisse; die Sünde aber ist eine That und
sie bedarf der Thaten zu ihrer Sühne. Ich hatte Ver=
zweiflung und Unglauben in das Herz des jungen Fürsten=
sohnes gesäet, ich wollte Liebe, Vertrauen und Lebensmuth
in Dir entzünden. Es war viel Glück, es war ein Leben
zerstört durch meine Schuld, ich wollte einem Menschen
die Möglichkeit bereiten, sich sein Glück zu suchen — und
ich werde leben bleiben, um zu sehen, ob mein guter Wille
seine Früchte an Dir trägt. Wenn Du Dich rein erhältst
von Schuld, wenn Du ein Ziel erreichst, das zu erreichen
Dir ohne mich vielleicht nicht möglich gewesen sein würde,
dann ist's gut! Dann bin ich erlöst!"

Er erhob sich, ehe Hermann ihm eine Entgegnung oder
gar eine Zusage hätte machen können, und ohne ein Wort
mehr zu sprechen, schlug er den Heimweg ein.

In ihre Gedanken versunken erreichten sie die Stadt.
Vor dem Hause, in welchem der Kandidat wohnte, blieben
sie stehen. Herr Plattner hielt dem jungen Gesellen die
Hand hin. „Lebe wohl und sei glücklich!" sagte er. „Be=
denke, daß Du geweiht, daß Du in ein schweres Schicksa

hinein verflochten bist, und hilf mir, mich aus seinem Banne zu befreien. Lebe wohl!"

X.

Meister Brückner hatte darauf bestanden, daß Hermann am Montag auf die Wanderschaft gehen sollte, denn er wolle sich, sagte er, mit seiner Begleitung wieder einmal nach langer Zeit ein Extravergnügen, einen richtigen blauen Montag machen, damit die arme Seele dann wieder Ruhe und Lust zur Arbeit habe. Der Meister war immer der Meinung, daß man die Woche über weit besser still sitze, wenn man am Montag Kopf und Beinen etwas Ordentliches zugemuthet habe.

Um Mittag stand Hermann fix und fertig. Da er etwas auf sich hielt, hatte er sich gut ausstaffirt für seine Reise. Er wollte, wo er immer hinkam, zeigen, daß er guter Leute Kind und ein Mensch sei, der Etwas vor sich gebracht habe. Er hatte einen guten Sommerrock an, eine hübsch ausgenähte Blouse darüber. An dem schönen Leibriem hing ihm die lederne Feldflasche, das leichte Tuch unter dem zurückgeschlagenen Hemdekragen, der graue Filzhut waren neu gekauft. Neu gekauft war auch das lederne Ränzel, in dem er seinen Sonntagsanzug, die

schwarze Hose, den schwarzen Frack und die Reservestiefel
nebst seiner Wäsche und seinen Bürsten trug, und er legte
sein Gepäck bei Seite, als er zum letzten Male an seines
einstigen Lehrherrn Tisch ging.

Der Meister und die Meisterin saßen in der Mitte
wie sonst, der Werkführer hatte seinen Platz neben dem
Meister, Lisette den ihren neben der Großmutter, so war
es immer gewesen, so war's auch heute. Das gewohnte
Montagsgericht stand auf dem Tische, es hatte Hermann
immer gut geschmeckt, nur heute wollte es ihm nicht
munden. Er konnte es gar nicht hinunterbringen, er hatte
keinen Hunger und auch Lisette mußte heute den gewohnten
Appetit nicht mit zu Tische gebracht haben, denn sie be=
rührte die gebotene Speise kaum und die Meisterin, die
sonst immer mit ihr beschäftigt war und auf Alles Obacht
gab, was sie that und machte, schien es heute gar nicht
zu bemerken, wie still und wie verändert ihr Großkind sich
betrug.

Es war Hermann ordentlich wohl, als man vom Tische
aufstand und er Lisette nicht mehr anzusehen brauchte.
Sie sah blaß aus, als wenn sie krank werden müßte, den
Mund hatte sie ganz fest zusammengezogen, ihre Augen
waren so groß und mit den großen Augen sah sie ihn
immer an, als hätte sie ihn noch nie zuvor gesehen, oder
als hätte sie ihn Etwas zu fragen.

Um ein Uhr sollte er vor seines Vaters Thüre sein, von
da wollten die Andern ihn abholen kommen. Um drei Viertel ging er hinaus in die Gallerie, wo sein Ränzel und
sein Hut auf den alten Glühsteinen lagen. Er hob das
Ränzel auf die Schulter, es kam ihm mit einem Male so
schwer vor, daß es ihm die Brust bedrückte, als er's sich
zurecht rücken wollte, und er hatte doch sonst nie das Geringste auf der Brust gespürt. Er rückte an dem Ränzel
hin und her, endlich saß es fest. Er nahm darauf den
Stock mit der eisenbeschlagenen Spitze und den Hut in
die Hand und trat vor den Meister hin, gab ihm die
Hand und dankte ihm für all' das Gute, das er von ihm
genossen hatte, und dankte auch der Meisterin; und er
sprach das Alles sehr fest aus, denn er war ein Mann
und wollte doch nicht weinen, wenn schon es ihn gewaltig
im Halse schnürte. Der Meister schüttelte ihm die Hand
und klopfte ihm auf die Schulter.

„Halte Dich brav und laß von Dir hören!“ sagte er.
„Du hast hier Deine Schuldigkeit gethan. Schreib' bald
einmal, und wegen der Eltern mache Dir keine Sorgen,
wir werden nach ihnen sehen. Und nun mach', daß Du
fortkommst!“

Frau Wernerin gab ihm auch die Hand, aber sie sagte
nicht, daß er schreiben sollte, sie paßte auf Lisette auf, der
plötzlich die dicken Thränen aus den Augen rannen. Ehe

noch Hermann sich ihr nahen konnte, ging das Mädchen auf ihn zu und bot ihm Lebewohl. Sie konnte vor Schluchzen kaum sprechen. „Abieu!" sagte sie, „nimm das Buch mit, wenn Du nicht da bist, mag ich nicht darin lesen. Nimm's mit! Abieu!"

Sie lief fort, Hermann wendete sich ab, seine Thränen zu verbergen; er wollte still sein, wollte nichts sagen, aber er konnte es nicht lassen, und obschon die Großeltern auf der Gallerie standen, rief er der Enteilenden zu: „Vergiß mich nicht!"

„Du mich auch nicht!" erwiderte sie, und er ging von dannen, trauriger und glücklicher, als er sich je gefühlt.

Der Meister blickte seine Frau an. „Was war denn das?" fragte er.

„Ja, was war das?" wiederholte seine Frau; „nun ist's zu spät zum Verwundern. Aber Ihr Männer, Ihr seht nichts mit Euren sehenden Augen. Seit Jahr und Tag hab' ich's Dir gesagt, schaff' den Hermann aus dem Hause, aber Du hast nicht hören und nicht glauben wollen —"

„Hättest Du Dich nur einmal vernünftig darüber ausgelassen, weshalb Du ihn forthaben wolltest, und daß es der Lisette wegen sei —", meinte der Meister, der, seit er im Magistrate saß und alle seine Ehrenämter neben seinem Geschäft zu verwalten hatte, sich im Uebrigen auf seine Frau verließ.

„Hätte ich es Dir gesagt," versetzte die Meisterin, „Du wärest im Stande gewesen, Etwas daraus zu machen."

„Wandern und die Welt sehen muß er natürlich," sprach der Meister, der, seit er in die Jahre gekommen, nur immer gütiger und ruhiger geworden war. „Wandern muß er," wiederholte er, als überlege er die Sache mit sich selbst, und er hatte sich dazu eigens auf der Bank in der Gallerie niedergesetzt.

Seine Frau schüttelte den Kopf, daß das fette Unterkinn ihr wackelte, und die beringten Hände über den Leib faltend, rief sie: „Da haben wir's! Aber laß Du solche Redensarten nur vor dem dummen Dinge, vor der Lisette hören, und dann paß auf, was daraus werden wird."

„Was kann daraus werden, als ein Paar?" fragte der Meister gelassen.

„Und das wäre Dir recht? Das wäre Dir ganz recht und schön?" rief die Meisterin, die immer eifriger wurde.

„Was sollte mir daran nicht recht sein?" meinte Herr Werner. „Er ist ein schöner, braver, kerngesunder Junge, er versteht seine Sache, wird sich mehr und mehr vervollkommnen, und wenn er Meister wird, und die Lisette ihn nehmen mag, nun so hast Du ja, was Du willst, und wir können uns zur Ruhe setzen."

Die Meisterin schlug die Hände zusammen und der Pantoffel flog ihr bei der ärgerlichen Bewegung von dem kranken Fuße ab, der ihr jetzt eben wieder geschwollen war, so daß der Schuh nicht fest saß. „Werner!" rief sie, „wenn ich Dich begreife! Nein! aber wenn ich das begreife! Also dazu sollen wir gearbeitet haben und ge= spart und uns geplagt, bis Du jetzt in die Sechsziger gekommen; darum bist Du Kirchenvorsteher geworden und Schützenkönig und sitzest im Magistrat mit all' den reichen und angesehenen Leuten, und hast Deine schönen Grund= stücke und das schöne Kapital und die gute Kundschaft, damit unser einziges Enkel hier stecken bleiben soll in der engen Gasse als Meistersfrau und ganz von vorn an= fangen soll wie wir?"

„Warum denn nicht? Aber nur nicht heftig!" begü= tigte Herr Werner, „und immer hübsch bei der Wahrheit geblieben! Von vorne anzufangen braucht ja Niemand, der eine reiche Frau bekommt; und da Vorrede keine Nach= rede macht, so schlage Dir Deine Grillen mit der vor= nehmen Heirath für die Lisette ein für allemal, aber auch ein für allemal aus dem Sinn. Wenn ich" — er sah sich nach allen Seiten um, ehe er weiter sprach — „wenn ich ein reicher Mann geworden bin, so will ich mein Ver=

gnügen davon auf meine alten Tage haben, und es nicht
einem Andern bereiten. Ich will das Kind meiner Tochter für mich haben und bei mir behalten, und Lisette und
ich sollen in ihrem Manne einen Mann nach unserm Herzen haben. Sie soll keinen armseligen Beamten oder gar
einen verhungerten adeligen Lieutenant heirathen. Das ist
gut für die Juden, die sich ihrer Arbeit und ihrer Her-
kunft schämen und sich am liebsten selber adeln lassen, als
könnte der Bürger mit seinem ehrlichen Namen nicht eben
so gut vor Gott und Menschen bestehen. Ich bin armer
Leute Kind so gut wie Du —"

„Mein Gott! Werner, wer streitet Dir das denn ab?"
unterbrach ihn die Frau, die nicht wünschte, daß der
Meister sich zu sehr in diese Gedanken vertiefte, von denen
er dann nur um so schwerer abzubringen war. „Wer
streitet Dir das denn ab, daß Du Dich vor Niemandem
zu biegen und zu bücken brauchst! Aber wenn man doch
so weit vorwärts gekommen ist für sein eigen Theil, so
will man doch auch weiter fort und höher hinauf."

„Ah so!" rief Herr Werner, „nun versteh ich's! Höher
hinauf! Das heißt bis hier oben hinauf in das erste Stock-
werk, bis zu der Frau Stadtgerichtsräthin und ihrem
Sohn aus erster Ehe, dem Junker mit dem blonden
Schnurrbart, der nichts ist und nie was anderes werden
wird, als eine Last für seinen Stiefvater und eine Plage

für seine Mutter. Also darum die große Freundschaft
mit der Frau Stadtgerichtsräthin und darum all' das Ge-
thue mit der Lisette!"

Die Wernerin wollte ihm immer in die Rede fallen,
er litt es aber nicht; denn wie er Herr über seine Leute
war, so war er es auch über seine Frau. Sie merkte,
daß es für sie jetzt das Gerathenste sei, zu schweigen, und
obschon ihr das Herz voll war und die Worte ihr bis auf
die Lippen gingen, ließ sie ihnen nicht den Lauf. Das
Blut siedete ihr, es war ihr heiß, daß sie die Haube vom
Kopfe nahm und nach Luft schnappen mußte, wie ein Fisch
auf dem Trocknen; aber sie rückte sich fest in dem Winkel
auf der Bank zurecht, wickelte ihre rothen Arme in die
Schürze ein und blieb so in sich abgeschlossen sitzen, nur
leise mit dem kranken Fuß auf und nieder tretend, als
müßten ihr Aerger und ihre Bewegung sich doch an irgend
einem Punkte ihren Ausdruck suchen.

Der Meister betrachtete sie eine ganze Weile. Er
schien sein Vergnügen an ihrem unterdrückten Zorn zu
haben, aber je mehr sie dies gewahrte und sich von ihm
abwendete, um so gutmüthiger wurden seine Mienen, bis
er endlich ernst und doch freundlich zugleich, sich zu ihr
wendend, ihr einen Schlag auf die Schulter gab.

„Christel," sprach er, „gieb Dir keine Mühe, Du rich-
test damit, das könntest Du wohl wissen, bei mir nichts

aus. Ob's der Hermann ist oder sonst ein Anderer, soll mir gleich sein. Aber ich bin alt geworden als Berliner Bürger und Meister und als mein eigner Herr, und nur Einer, der wie ich ein ehrlicher Bürger und sein eigner Herr ist, soll die Lisette haben. Das merk' Dir und das bringe ihr auch bei Zeiten bei, wenn sie's ja vergessen sollte, obschon sie mir nicht danach aussieht."

Er ging fort, um nach seinen Leuten zu sehen. Lisette ließ sich nicht blicken, und weil auf diese Weise keine Menschenseele da war, an der die Meisterin ihren Aerger hätte auslassen können, so jagte sie den alten dicken Kater von dem Platze fort, auf welchem er sich behaglich sonnte, und nahm ihrem Papagei den Zucker aus dem Bauer. „Will so ein Thier alles nach seinem Gusto haben," sagte sie, „will so ein Thier es besser haben als der Mensch!"

Sie trug ihn lieber mit seinem Bauer gleich in die Stube, und sie ging auch selber hinein, um zu sehen, ob nicht irgend etwas anders war, als sie's erwartete und wollte; denn daß heute Alles verkehrt gehen würde, das nahm sie zuversichtlich an.

Während dessen war Hermann schon längst zum Thore hinaus. Drei von seinen Kameraden waren mit ihm gegangen, und der Vater, der ebenfalls dabei war, schritt als der Munterste einher. Er hatte den langen blauen Rock angezogen und den runden Hut vor Vergnügen ganz

schief auf's Ohr gesetzt. Es war ihm lange nicht so
wohl geworden, auszugehen, ohne seine Frau und seine
Töchter, ohne den Korb mit dem Weißbrod und dem ge=
mahlenen Kaffee. Er hatte sich auch die alte Feldflasche
vorgesucht und sie über die Schulter gehängt, sobald er
zum Thore hinaus war, denn in der Stadt würde es sich
für ihn, der Meister und Bürger war, nicht gepaßt haben.
Aber draußen ging ihm das Herz auf. Er faßte seinen
Sohn unter dem Arm, er erzählte von seiner Wander=
schaft, von dem Feldzuge und von der Zeit, in welcher er
in der Festung gesessen hatte, und er war es, der die
lustigsten Wanderlieder sang, die muntersten Schnurren
zum Besten gab. Er hatte sich's schon lange vorgenom=
men wieder einmal eine andere Stadt zu sehen, als das
alte Berlin, und so wanderte er zu Fuße mit, bis sie
nach Spandau kamen. Dort wollte er einen Bekannten
besuchen, den er seit Jahren nicht gesprochen hatte, denn
der Meister Schneider kam eben so wenig aus seiner
Werkstatt heraus, als Meister Brückner, und in Spandau
wollte er dann Etwas darauf gehen lassen und die zwei
Meilen mit einem der Stellwagen zurückfahren, welche
zwischen der Hauptstadt und der Festung Spandau gehen.
Hermann hatte aber nicht vor, in Spandau einzu=
kehren, sondern wollte gleich weiter fortgehen bis Nauen,
und als sie daher in die Gegend kamen, wo die Chaussee

abbiegt und links sich die weite, sandige Fläche nach den Pichelsbergen hinzieht, blieb Hermann plötzlich stehen. Er war den ganzen Nachmittag zu keiner rechten Lustigkeit gekommen, das hatten die Kameraden ihm angemerkt, wenn er sich auch lustig gestellt hatte. Nun wurden seine Mienen völlig ernsthaft. Er gab dem Vater die Hand und sagte: „Adieu, Vater! es muß doch einmal geschieden sein, und hier geht's nach der Stadt ab. Wenn Sie weiter mitkommen, verspäten Sie sich am Ende, kommen nicht mehr mit dem Wagen fort und zu Hause machen sie sich darüber Gedanken.“

Der Vater war betroffen. Er hatte in seinem Vergnügen an dem Wandern und an dem Singen mit den jungen Burschen, es ganz und gar vergessen, daß er nur auf den Beinen war, um seinem Sohn das Geleit in die Fremde zu geben, nun fiel ihm der Abschied schwer auf's Herz. Es zuckte in dem alten, runzligen Gesicht auf und nieder. Er wollte sprechen, um nicht zu weinen, aber was ihm zu sagen einfiel, hätte ihn erst recht zum Weinen gebracht, wenn er's ausgesprochen hätte, und es schickte sich doch nicht, daß ein gewanderter Mann, und vollends ein gedienter Soldat, der die Feldzüge mitgemacht hatte, zu weinen anfing, weil sein Sohn, ein großer, starker Mensch, der sich auf seine Beine und auf seine Fäuste verlassen konnte, endlich auch einmal in die Welt ging.

Und doch war und blieb's ihm weh und wunderlich
um's Herz. Es ging ihm wie Tags zuvor, die Rührung
kam über ihn. Er konnte sich's nicht verhehlen, der Sohn
war ihm überlegen in diesem und jenem Punkte, und zumeist darin, daß er einen festeren Sinn und einen ernsteren
Charakter hatte, wie das jetzt unter den jungen Leuten
oftmals vorkam. Er dachte nicht an das Bierhaus, er
machte sich keinen blauen Montag, er hatte auch mehr vor
sich gebracht, als der Vater in jungen Jahren es gethan.
Aber ein Vater muß doch immer Vater bleiben und sein
Kind nicht über sich stellen, dachte er, und weil er gestern
seinen Spaß mit ihm gehabt und sich an der alten Geschichte von der Wüstenwanderung erheitert hatte, so
dachte er auch jetzt daran, was der Hermann einmal für
ein dummer Junge gewesen sei, und wie er ihn so zum
Besten gehabt und ihn einmal so schwer gekränkt und
verspottet habe mit seiner Wanderschaft nach der Wüste.
Mitten in seinem Herzeleid mußte er darüber noch heute
lachen, und froh nur erst wieder lachen zu können, gab
er dem Sohne einen tüchtigen Schlag auf den Rücken
und rief: „Na, siehst Du, Hermann, da bist Du ja auch
gerade davor; da hast Du gleich die blanke, baare Wüste
mit dem knietiefen Sande! Nu, nur wacker drauf los
und mach', daß Du durchkommst. Hinter Hamburg kommst
Du gleich an's Meer. Ich bin auch einmal bis heran

gewesen, aber zu Schiffe gehen — Gott bewahre! dazu
hätte mich kein Mensch gebracht. Ich muß festen Boden
unter den Füßen haben, und auf dem Wasser reißt auch
Keiner seine Stiefel ab, da ist für den Schuster nichts zu
holen."

Er hatte damit seine volle gute Laune wieder gewonnen,
Sohn und Vater umarmten einander herzlich, die Kame=
raden schüttelten dem Scheidenden die Hand, und als Her=
mann von ihnen ging und sich nach einigen Schritten noch
einmal grüßend nach ihnen umwendete, da stand der Vater,
seinen Hut lustig schwenkend, zwischen den drei jungen
Leuten und war der Erste, der in der Freude an seines
Sohnes rüstigem Schritt das Lied anstimmte, dessen mun=
tere Klänge den Scheidenden noch eine ganze Strecke be=
gleiteten:

> Welche Lust, aus enger Stadt
> In die weite Welt hinaus marschiren!
> Und zumal, wer nichts daheime hat,
> Kann gewinnen viel und nichts verlieren.
> Darum, Bruder mein,
> Laß uns lustig sein!
> Auf die Wanderschaft laßt uns marschiren,
> Unser Glück, unser Glück,
> Unser Glücke draußen zu probiren!

XI.

Nahezu zehn Jahre waren verflossen seit Hermann von Berlin geschieden. Er war viel herumgekommen in der Welt, hatte in Hamburg und in England gearbeitet, war dann wieder in Deutschland gewesen, um seiner Militär= pflicht nachzukommen, und hatte die Eltern besucht und den Herrn Plattner wiedergesehen, ehe er nach Manchester zurückkehrte, wo er unter der Leitung seines alten Bekannten von seinem Handwerk abgegangen war und sich ganz auf die Mechanik und auf die Zusammensetzung von Agrikultur= maschinen verlegt hatte.

Herr Werner und die Seinen waren aber nicht zu Hause gewesen, als Hermann sich die acht Tage in Berlin aufge= halten. Sie waren, die Großeltern und die Enkeltochter, damals sammt und sonders nach Teplitz gereist, weil die Schmerzen in dem Bein der Wernerin seit Jahren Winters immer ärger wurden, und da Herr Werner schon lange nicht mehr selbst in seinem Geschäft arbeitete, sondern es, seit er vor das Thor in sein Landhaus hinaus gezogen war, von seinem Werkführer auf seine Rechnung betreiben ließ, so hatte er gedacht, er könne seine Frau so gut wie jeder Andere eine Badekur gebrauchen lassen und sich nebenher die Welt einmal besehen und Lisetten die Welt zeigen, damit sie doch auch wisse, wie es draußen aussehe.

8*

Hermann hatte damals viel zu hören bekommen von dem prachtvollen Garten, den Herr Werner sich angelegt, von dem schönen Wagen mit den beiden starken Braunen, die er hielt, von der Wernerin, die ihre Hauskleidung nur noch des Morgens trug und am Tage in den feinsten wollenen und seidenen Kleidern, in Hauben mit schweren weißen Bändern einherging. Aber man hatte es den Werner's auch nachgerühmt, daß sie ihre alten Nachbarn und Gevattern nicht vergessen hätten, daß sie gar nicht stolz geworden wären, und daß zu Weihnachten noch immer ein großer Gänsebraten und sonst auch dies und das für Brückner's abgeliefert würde.

Hermann hatte zu dem Allen geschwiegen und war nicht vergnügter dadurch geworden. Er war auch eines Morgens hinausgegangen vor das Thor und hatte sich das Landhaus angesehen, das gar nicht mehr wiederzuerkennen war, so viel hatte der Meister darauf verwendet; und war dann still nach Hause gegangen zu Herrn Plattner, bei dem er wohnte, und wenig Tage darauf war er wieder nach England abgereist. Kein Mensch hatte es von ihm erfahren, was ihm die ganze Zeit auf dem Herzen gelegen und wie schwer er mit sich gekämpft.

Er hatte etwas vor sich gebracht, er konnte, wenn er nur gesund blieb, auch darauf rechnen, einmal zur Selbstständigkeit, und wenn das Glück ihm beistand, auch zu

Vermögen zu kommen. Aber der Weg von der Besitz=
losigkeit zum Wohlstand ist sehr mühevoll und weit. Er
hatte ihn noch ganz und gar zurückzulegen, denn die Mi=
litärjahre hatten ihn aus aller seiner Arbeit und aus sei=
nem Fortschritt herausgerissen, und Mutter und Schwester
hatten ihm erzählt, wie schön die Lisette geworden sei und
daß man sie bald mit diesem, bald mit jenem reichen
jungen Manne verlobt nenne. Er konnte sich das Alles
selber sagen und selber denken, es wunderte ihn nur, daß
sie nicht schon verheirathet war, denn sie hatte mit vier=
zehn Jahren wie ein erwachsenes Frauenzimmer ausgesehen
und nun mußte sie ihr achtzehntes Jahr beinahe vollendet
haben.

Es blieb ihm all' die Tage sehr weh um's Herz und
der Sinn war ihm verdüstert. Er führte das kleine Buch
immer mit sich, das Lisette ihm einst beim Scheiden ge=
geben. Es war der erste Band von Schiller's Gedichten,
in einer jener alten Nachdrucksausgaben, denen man vor
Jahren noch häufig bei den Büchertröblern begegnete. Bei
einem Tröbler hatte er es auch gekauft, als er noch ein
Lehrjunge und Lisette ein Kind gewesen war, und er hatte
ihr oft daraus vorgelesen, wenn er in den Feierstunden
auf dem Hofe saß und die Kleine sich aus Langeweile zu
ihm fand. Später, als sie groß wurde und in die Schule
ging, hatte sie die Gedichte von ihm geborgt, um sie aus=

wendig zu lernen, und er hatte ihr die Lektionen überhört, weil der Großvater dazu die Zeit nicht hatte, und weil Hermann es besser verstand als die Großmutter, der das Lesen in fremden Büchern nicht so von Statten ging. So waren sie neben einander erwachsen, Hermann und Lisette, und in einander verwachsen, und die Schiller'schen Gedichte waren jedem von ihnen nach seinem Verständniß in das Leben und in das Herz hineingewachsen, und Hermann hatte, als er zuerst fortgegangen war, es wohl begriffen, daß sie dieselben nicht ohne ihn lesen mochte. Aber wie lange war das her, und wie viel konnte und mußte sich geändert haben seit jenen Tagen!

Es hatte ihn immer getröstet und ermuthigt, daß Lisette ihm nur das erste Bändchen mitgegeben und das andere für sich behalten; denn die beiden Bände mußten doch wieder einmal zusammenkommen, weil sie zu einander gehörten. Das abgegriffene Buch war ihm ein Talisman gewesen und ein Hoffnungszeichen, ein Pfand der Liebe und des Glücks — aber was half ihm das jetzt?

In dem schönen Hause, in welchem Lisette wohnte, hätte man ein solch' altes, schlechtes Buch wohl längst auf die Seite geworfen, und wie sehr es ihn auch drängte, ihr zu schreiben und ihr das Bändchen zu senden, das ihn bis dahin nicht verlassen hatte — er konnte es nicht über sich gewinnen. Bald fürchtete er, sie könne lachen, wenn

sie das Buch erblicke, bald dachte er, es sei noch Hoffnung
für ihn da, so lange es in seinen Händen bleibe — und
hoffen muß der Mensch, wenn er die rechte Kraft zum
Handeln haben soll.

Mit weit schwererem Herzen, als er einst von Berlin
gegangen war, verließ er es nach seiner ersten Heimkehr,
und nur ein paar Mal in jedem Jahre hörten die Eltern
von ihm, wenn er ihnen zum Weihnachtsfeste Etwas
schickte, oder an den Herrn Plattner schrieb. Es kamen
auch wenig gute Nachrichten von Berlin zu ihm nach
England. Die Eltern wurden älter und älter, die Ar=
beitskraft nahm ab, die Kraft zum heiteren Entbehren
ebenfalls. Die Kinder, die freilich alle ihr Brod erwerben
konnten, halfen nach und halfen aus, indeß es saß von
ihnen Allen Keiner noch im Vollen, und auf den Aeltesten
richteten die Augen und die Hoffnungen sich darum doch
zumeist. Herr Plattner, der noch älter als der Meister
Brückner war, konnte bei Licht auch nicht mehr so viel
schreiben, er klagte aber niemals, und von dem Werner'=
schen Hause erfuhr Hermann fast nichts.

Nur einmal, bald nachdem er in Berlin gewesen war,
schrieb ihm seine Schwester, daß sie Lisetten auf der Straße
getroffen habe und diese sie nach ihrem Ergehen und nach
Hermann gefragt habe. Auf die Erzählung, daß er zu
Hause gewesen, sei Lisette böse geworden. Sie hatte sich

aber doch erkundigt, wie er ausgesehen habe und wo er hingegangen und was er vorgehabt, und hatte zuletzt gemeint, die Schwester möge ihm schreiben: Feder und Tinte wären dazu erfunden, daß man Nachricht von sich gebe, und es sei nicht hübsch von ihrem Bruder, daß er nicht gewartet habe, bis sein alter Meister wieder nach Hause gekommen sei.

Darauf hatte Hermann einmal von Manchester aus an den Herrn Werner einen Brief gerichtet, aber der Brief war nicht beantwortet worden, und nur das hörte der junge Mann, daß Lisette seinen Schwestern je nach ihrem Können Arbeit gab, und einmal schrieb ihm der Herr Kandidat, daß Fräulein Werner ihn habe kommen lassen, um von ihm Unterricht im Englischen zu nehmen, was sehr zu verwundern sei, da es ja in Berlin so viel junge Lehrer und so viel Engländer gebe, und er niemals vom Sprachunterrichte in Deutschland zu seinem Erwerbe Gebrauch gemacht habe.

Mehr aber hatte Hermann nicht nöthig gehabt, um auf's Neue zu Lisetten, wie zu seinem Stern hinzusehen, und er hatte gelernt und gearbeitet an jedem Tage, und gehofft in jeder Stunde, und auf den rechten Augenblick und die rechte Gelegenheit gewartet, und sie hatte sich dargethan und er hatte sie benutzt.

Es war im Frühjahr von achtzehnhundertzweiundfünfzig,

als Herr Werner wieder einmal seinen Geburtstag feierte.
Er war trotz seiner Jahre noch ein aufrechter Mann, der
keine Abnahme seiner Kräfte spürte und sein hohes Alter
gar nicht als etwas Besonderes ansah, denn sein Vater
hatte es bis in die Neunzig gebracht und hatte es doch
lange nicht so gut gehabt, als er. Seit er vor dem
Thore wohnte, machte er jeden Morgen noch seinen
stundenlangen Spaziergang, und weil er sein Herz, je
älter er geworden war, nur mehr und mehr an sein Enkelkind gehängt, so hatte Lisette sich gewöhnt, stets um ihn
zu sein und ihn auch zu begleiten, wenn er in der Frühe
ausging. Sie hatten dann ihr bestes Gespräch mit einander und wußten von einander Manches, was den Andern verborgen blieb.

Früh am ersten Mai also schien die Sonne so hell
und so warm, als wollte sie dem alten Herrn zu seinem
Geburtstage ganz besonders etwas zu gut thun und ihm
für das Jahr die warmen Tage versprechen, die des
Alters Freude sind. Die Kastanien standen schon in ihrer
vollen Blüthenpracht, die gelben Blüthendolden hingen
von den Büschen hernieder und schon drängte sich die
ganze Fülle der Baumblüthe schimmernd hervor, daß man
die reichste Fruchternte erwarten konnte, wenn das Jahr
hielt, was der Frühling versprach. Der alte Herr war
heiter und guter Dinge. Er hatte schon seine Mütze mit

dem großen Schirm aufgesetzt, den Krückstock in die Hand
genommen, und sein weißer Pudel paßte auf den Augenblick zum Fortgehen, als Lisette im grauen Morgenrock,
den Strohhut in der Hand, herunter kam, dem Greise
Glück zu wünschen und ihn abzuholen.

Sie war schön und stattlich geworden. Ihr blondes
Haar hatte einen bräunlichen Schimmer bekommen, die
klaren, hellen Augen einen ernsten und festen Blick, und
da sie groß und stark war, sah sie recht wie ein Frauenzimmer aus, dem ein tüchtiger Mann seine Zukunft an-
zuvertrauen wünschen mußte. Sie hatte die Kraft der
handarbeitenden Stände in sich bewahrt, aber eine bessere
körperliche Pflege und eine größere geistige Cultur hatten
dieser Kraft das Schwerfällige und Plumpe genommen,
und der Großvater, der immer seine Freude daran hatte,
daß Lisette handfest sei, sah es im Stillen doch mit Vergnügen, wie sie fein und vornehm in ihrem einfachen An-
zuge aussah, als sie die Treppe aus der Gartenstube her-
unterstieg.

„Großvater!" sagte sie, „das ist gegen die Abrede!
Am Geburtstage könntest Du wirklich ein Bischen länger
schlafen, damit man Dir doch vor Deinem Bette gratu-
liren könnte. Ich war um halb sechs Uhr munter, und
nun bist Du doch noch vor mir da. Ich war in Deiner
Stube, Dich zu suchen." Sie küßte ihn, und fügte, indem

sie ihn umarmte, mit großer Herzlichkeit hinzu: „Bleib'
Du mir nur leben, Großvater! Du mußt mir ja den
Vater ersetzen und hast es ja auch so unaussprechlich treu
gethan."

Er schüttelte ihr dankend die Hand und küßte dann
ihr frisches Gesicht. „Schön Dank!" entgegnete er, „ich
denke, eine Weile soll's noch vorhalten. Mir wär's auch
ganz recht; wenn man sich's so bequem zurecht gemacht
hat für die alten Tage, will man's auch genießen. Es
war mir nicht an der Wiege vorgesungen, daß ich's einmal
so gut haben würde." Er öffnete mit diesen Worten die
Gartenthüre, an der Seite, wo der Garten in das Wiesen-
land hinausging, und wo seine Lieblinge, ein paar schöne,
rothbraune Kühe, tief in dem mit Butterblumen übersäeten,
von Thau glänzenden Grase standen und sich achtsam mit
den großen sanften Augen nach den Herankommenden um-
sahen, während der Pudel fröhlich hin und wider lief,
und bald an dem alten Herrn, bald an dem schönen Mädchen liebkosend emporsprang.

Der Greis ging an die Kühe heran, klopfte sie freund-
lich auf die breiten Köpfe und pflückte ein paar Hände
voll Gras, das er unter die beiden Thiere vertheilte.
„Die gehen mir nun über alle Blumen und über all' den
Kram, mit dem Ihr Euch zu schaffen macht," meinte er.
„Ich muß durchaus etwas Lebendiges um mich haben. In der

Stadt, in dem engen Hofe, waren es der Storch, den Du
ja noch gekannt haft, und der Rabe und der Papagei, die
wir mit hinausgenommen haben, und wenn ich nebenan im
Garten und im Hofe die ganze Schaar von Kindern sich
tummeln sehe, so geht's mir wie der Großmutter, es thut
mir leid, daß es bei uns so leer ist."

Er sah dabei zufällig die Lisette an und gewahrte,
wie ihre Miene sich verdüsterte. „Großvater!" bat sie ab-
wehrend.

„Ja, so!" rief er, „Du denkst, ich komme auf die
Sprünge unserer Alten, da sei unbesorgt. Du sollst thun
und lassen, was Du willst, das weißt Du. Willst Du
heirathen, ist's mir recht, wenn's der Mann darnach ist;
willst Du ledig bleiben, ist's mir auch recht, so habe ich
Dich um so länger für mich allein, und was sie von dem
frühen Heirathen Gutes sagen, das sind Narrenspossen.
Was Dir in der Ehe beschieden ist, das kannst Du mit
dreißig Jahren so gut genießen, wie mit zwanzig. Nur
Eins ist mir nicht recht."

„Und was ist das?" fragte Lisette.

Der Greis antwortete nicht gleich. An der Umzäunung
des Wiesengrundstücks war eine Latte an einer Seite los-
gerissen, sie hing schief von dem Pfahl hernieder. Er hob
sie empor und Lisette half sie ihm halten, während er den
Versuch machte, die langen Nägel, welche noch darin steckten,

in dem nächsten Pfahl vorläufig wieder einzupassen, bis er Jemand schicken konnte, sie gehörig zu befestigen.

„Da ist das verdammte Gesindel von drüben schon wieder dabei gewesen!" rief er ärgerlich aus. „Im Winter läßt man sich's gefallen; Noth kennt kein Gebot. Aber jetzt im Sommertag, wo Jeder Arbeit findet, der nur arbeiten will, da soll sie der Teufel holen, wenn ich sie attrapire. Der Karl muß nachher gleich hinaus!" — Er sah noch einmal nach den nächsten Latten hin, ob da etwa auch schon die Nägel losgemacht wären, und sprach dann, als habe er inzwischen nichts Anderes vorgehabt: „Was mir nicht recht ist an Dir, das ist, daß Du Dir die Einbildungen mit dem Brückner nicht aus dem Sinne schlägst."

Lisette wurde roth und die Adern auf ihrer starken, weißen Stirn schwollen leise an. „Großvater," sagte sie, „willst Du auch anfangen, mir das vorzuhalten? Ist's nicht genug, daß ich's schon ohnehin immer hören muß? Da ist aber gar nichts zu machen, Ihr glaubt nicht, daß er wiederkommen wird —"

„Wiederkommen," meinte der alte Herr, „wer zweifelt denn daran, daß er einmal wiederkommen wird; aber das hat ja gar nichts mit Dir zu thun."

„Er wird wiederkommen, um meinetwillen," sagte Lisette fest.

„Warum nicht?" entgegnete der Greis, „ein Mädchen wie Du, und des alten Werner's Enkelkind, ist schon 'ne Reise werth."

Lisette wurde ärgerlich. „Das hat Dir nun Alles die Großmutter wieder vorgeredet," rief sie. „Und doch weiß sie so gut wie Du, lieber Großvater, daß der Hermann mich nicht vergessen hat, daß er hier gewesen ist, damals als wir in Teplitz waren, daß er sich nur aus Bescheidenheit und weil er Ehre im Leibe hat, nicht hervor gewagt hat. Nachher hat er ja auch geschrieben und hat nicht wieder schreiben können, weil Ihr ihm nicht geantwortet habt. Und Ihr wißt auch, denn ich habe ja die Briefe an seine Eltern und an den Kandidaten selbst gelesen, daß er vorwärts kommt und daß es ihm gut geht, daß er unverheirathet ist und sich immer nach uns erkundigt —"

„Nach mir?" fiel der Greis ihr in die Rede, der an dem Eifer des schönen Mädchens seine Freude hatte und es nicht wohl lassen konnte, einen Spaß zu machen, wenn die Gelegenheit sich dazu bot.

Lisette lachte. Sie nahm des Greises Hand, und wie sie so neben ihm her ging, sagte sie: „Es ist eigentlich kein Mensch daran Schuld, als Du! Hättest Du mir's nicht angewöhnt, daß ich immer meinen Willen haben muß, so würde ich nicht darauf bestehen. Was ich will,

das will ich nun aber einmal, und Recht behalten werde
ich gewiß!" Sie warf dabei die Lippen trotzig auf, und
der Greis hätte gern zürnen mögen, hätte er das Mäd=
chen nur nicht so lieb gehabt.

„Es hat sich schon Mancher verrechnet," meinte er
endlich, „denk' an das alte Sprüchwort: hoffen und
harren macht Manchen zum Narren; und eine Sünde und
Schande wäre es doch wahrhaftig, wenn ein Mädchen,
das wie mein Enkel in der Welt dasteht, und nur das
Aussuchen hat, zur alten Jungfer werden sollte, weil sie
sich den Sohn vom Brückner, von dem lumpigen Flick=
schuster —"

„Großvater! sag' das nicht! Armuth schändet nicht.
Du bist auch armer Leute Kind."

„Armer Leute Kind hin, armer Leute Kind her!" rief
der Alte, der plötzlich den Gleichmuth verlor, „ich hab's
durch mich selber zu Etwas gebracht. Ich bin ein Mann
bei der Stadt geworden, und wenn der alte Brückner
auch sonst ein ordentlicher Mensch ist und ich nichts wider
ihn haben will, — Gott bewahre, nichts, gar nichts! —
so ist's doch Unsinn, daß Du Dir den Hermann nicht
aus dem Sinn schlägst. Und die Großmutter hat Recht!
Ich hätte den Kandidaten gar nicht über die Schwelle
kommen lassen sollen, denn der bestärkt Dich nur, und wir
werden's ja erleben —"

„Wette mit mir!" fiel Lisette ihm in die Rede.

„Unsinn!" brummte der Greis.

„Wette mit mir!" wiederholte sie dringender.

„Du hast nichts zu verwetten," meinte er, und seine gute Laune begann wiederzukehren.

„Ich habe mich selber zu verwetten," sagte sie ganz ernsthaft. „Ich bin vorige Woche dreiundzwanzig Jahre alt geworden. Wenn bis heute über's Jahr Hermann nicht zurückgekommen und nicht so zurückgekommen ist, daß Du selbst sagst, ich solle ihn zum Manne nehmen, so heirathe ich Denjenigen, den Du und ich mir dann hier aussuchen werden. Aber ich heirathe ganz bestimmt."

Der Greis war überrascht. „Was weißt Du von dem Brückner?" fragte er.

„Nichts weiter," versetzte sie, „nichts weiter, als was Ihr auch wißt und was der Kandidat erzählt hat."

„Und darauf willst Du wetten?"

Lisette sah den Großvater an, lächelte, wurde dann wieder ernsthaft und sagte: „Ich kenne ihn! — ich gewinne die Wette, verlaß Dich drauf! Er hat von klein an im Kleinsten wie im Größten Wort gehalten."

„Soll mir lieb sein," versetzte der Greis, und er selber war es dann, der von andern Dingen zu sprechen anhob.

XII.

Am Tage vorher war der Meister Brückner nahe daran
gewesen, wieder einmal auf seinen Berg zu steigen, ob=
schon jetzt keine Kinder mehr da waren, die ihn störten,
und obschon die Frau ihm heute keine Plage machte mit
ihren Sorgen und Kümmernissen. Denn die Sorgen und
Kümmernisse waren seit anderthalb Jahren ganz und gar
vorüber, seit Hermann alle Vierteljahr ein Bestimmtes
schicken konnte, das völlig genug war, die Eltern über
Wasser zu erhalten. Die Brüder und die Schwestern
hatten nicht mehr nöthig beizusteuern, Hermann schaffte
das Nöthige allein, und Hülfe nimmt sich immer leichter
von Einem als von Vielen an, selbst wenn es zwischen
Kindern und Eltern ist, daß sie geleistet und geboten
werden muß.

Die Mutter war ganz schwindlig vor Freude. Der
Herr Kandidat war da gewesen und hatte es selbst mit
seiner Brille vorgelesen, daß der Hermann in der nächsten
Woche kommen würde, und so konnte und durfte es doch bei
ihr nicht aussehen, wenn der Sohn nach Hause wiederkehrte!
Er mußte doch merken, daß sie anzuwenden und zusammen=
zuhalten wußte, was er ihnen von dem Seinigen mit=
theilte, er mußte doch merken, daß sie noch die Alte war
und nichts umkommen und nichts verkommen ließ.

Sie lief, so wie sie stand und ging, zur Tochter hin, die nebenan an einen Böttcher verheirathet war, ihr die Neuigkeit zu erzählen und ihr zu sagen, daß sie bereits die Gardinen von den Fenstern und vom Bette losgesteckt und die Stuhlbezüge abgenommen und durchgewaschen habe, und daß sie anfangen werde, Alles rein zu machen, und daß sie Heringe in Essig legen werde, damit sie doch Etwas im Hause habe, was er gern esse, wenn Hermann wieder da sei. Sie wollte ein Bett für ihn geborgt haben, sie wollte — sie wußte selber nicht, was sie Alles wollte, und endlich ging sie Kaffee holen, um ihn für ihren Alten zu kochen, weil sie über all' dem Thun nnd Wollen die Zeit verpaßt hatte, den Mittag zu besorgen.

Meister Brückner hielt sich ruhiger. Er arbeitete seine Naht fort und ließ sich nichts merken vor der Frau. Nur der Lehrjunge sah, daß er nicht so gleichmäßig handthierte als sonst, und dann und wann hörte er, daß der Meister ein Stück von einer Melodie vor sich hinbrummte. Nach= mittags, als die Mutter die Gardinen schon zum Trocknen auf den Boden gebracht und die Fenster zum Putzen aus= gehoben hatte, so daß man vor Ordnungschaffen, wie der Meister es nannte, seines Lebens nicht mehr sicher in der Stube war, klopfte es mit einem Male an die Thüre und der Meister sagte ärgerlich: „Nun braucht der Teufel nur gerade einen Kunden herzuführen, so denkt er, der

Wirth will uns zum Hause hinausschmeißen, solche Zucht
ist's hier bei uns!"

Aergerlich rief er: „Herein!" und die Meisterin ließ
eben noch in Eile ihren Rock, den sie hoch aufgeschürzt,
über die Unterröcke herniederfallen, als die Thüre sich öff=
nete, und ein Mann auf die Schwelle trat, der so groß
war, daß er sich bücken mußte, um nicht anzustoßen.
Seine Farbe war dunkel, wie die eines Menschen, der
lange in heißen Ländern gelebt hat. Ein starker Bart
umgab sein ganzes Gesicht, und er trug und hielt sich, das
hätte ein aufmerksamer Beobachter bei dem ersten Blick
erkennen mögen, wie Jemand, der in sich selbst beruht und
seiner so gewiß ist, daß er nicht mehr in jedem Augen=
blicke an sich selbst zu denken braucht, um das Wohlanstän=
dige zu thun.

Die Mutter schrie auf vor Freude und schlug ein Mal
um's andere die Hände zusammen; der Meister ließ auch
das Werkzeug fallen, aber weil er sich nicht gleich fassen
konnte und sich's nicht merken lassen wollte, wie die an=
sehnliche Erscheinung des Sohnes ihn in Verwunderung
setzte und ihm Respekt einflößte, wandte er sich an die
Mutter und sagte ärgerlich: „Da hast Du nun die Be=
scheerung! Nun ist er da, und nicht ein Platz, auf dem
ein Christenmensch sich niederlassen kann! Das ist nun

der Willkomm für Einen, der Jahr und Tag von Hause weg gewesen ist!"

Er hatte sich während dessen an den Anblick des Sohnes gewöhnt, stand auf, schüttelte ihm die Hand und rief: „Willkommen zu Hause, und kümmere Dich nicht darum, Du weißt ja, wenn sie nicht Alles unter Wasser setzen kann, ist ihr nicht wohl. Und nachher geht das Lamento über das Kopfreißen los."

„Lassen Sie's doch, Vater!" begütigte Hermann, der die Eltern beide umarmte. „Ich bin froh, daß ich Sie Beide munter finde — munterer als ich gehofft — und dar Bischen Luft hier oben ist ja bei dem Wetter eine Wohlthat."

Er setzte sich absichtlich auf den alten ausgesessenen Polsterstuhl, der seit einem Menschenalter nicht erneut worden war und noch immer, wie in den Tagen von Hermann's Kindheit, für ein Muster von Bequemlichkeit galt. Er wollte es zeigen, wie bequem er's habe, und er hatte es auch schnell dahin gebracht, daß man über sein Fragen und Erzählen völlig vergaß, wie fremd er in dieser Umgebung erschien, und wie lange er sich nicht in ihr bewegt hatte. Die Schwester mit ihrem Manne, den Hermann noch gar nicht kannte, und mit dem Kinde, von dessen Geburt er noch gar nicht gehört, wurden herbeigeholt. Die Mutter, so wenig sie es satt werden konnte, den vor-

nehmen Mann anzustaunen, der ihr Sohn war, und seine
Uhrkette und seine feine Wäsche und seinen schönen Reise=
anzug zu bewundern, lief doch inzwischen davon, um unter
einem Vorwande die Nachbarin an ihre Thüre zu locken,
und sie den Sohn aus der Ferne anstaunen zu lassen;
und die Eltern waren noch ganz verbuzt über des Sohnes
Anerbieten, sie von jetzt ab noch einmal so reichlich als
bisher zu unterstützen, damit der Vater nicht mehr zu ar=
beiten brauchte, wenn er es nicht wollte, als Hermann's
Erklärung, daß er nun fortgehen müsse, plötzlich der ganzen
Freude ein Ende zu machen schien.

„Du willst fort?" rief die Mutter, „wo willst Du denn
hin?" Er sagte, es dränge ihn, Herrn Plattner wieder
zu sehen, und er müsse dann in seinem Gasthofe vor=
sprechen.

„In Deinem Gasthofe?" fragte die Mutter wieder.
„Ja, ich bekomme ja aber ein Bett für Dich geborgt, und
ich schlage es gleich auf, sowie es kommt."

Er dankte ihr, aber er erklärte, er wolle ihr keine
Mühe machen und werde in dem Gasthofe bleiben, in dem
er abgestiegen sei. Sie wollten wissen, wo das wäre?
Er nannte den besten Gasthof der Königsstadt, in dem er
sich einquartiert, um in der Nähe der Seinigen zu sein.

„Da hast Du seiner Zeit manch Paar Stiefel hin=
getragen," bemerkte der Vater.

„Der alte Portier hat mich auch noch gekannt," versetzte heiter der Sohn. Die Mutter schwieg. Es machte ihr einen feierlichen und großen Eindruck, daß der Sohn in jenem Gasthofe wohnte, und doch that es ihr leid, daß er nicht mehr derselbe war, der unter ihrem Dache geschlafen, als er nach seiner Militärzeit zum letzten Male in Berlin gewesen war.

Als er schon unter der Thüre stand, rief der Vater: „Na! und wie sieht's denn in der Wüste aus?"

Der Sohn lachte: „Etwas anders, lieber Vater, wie vor dem Halle'schen und vor dem Spandauer Thor."

„Und Du bist also wirklich darin gewesen?"

„Eine gute Strecke, Vater."

„Seh' ein Mensch!" sprach der Alte und schüttelte mit Bewunderung den Kopf, und dann erzählte er dem Schwiegersohn, der das schon oft gehört, wie er seinen Spaß mit dem Hermann gehabt, und wie er ihn begleitet habe, als er ausgewandert sei, und wie kein Mensch es wissen könne, was in einem solchen Jungen stecke.

Sie waren in Meister Brückner's Wohnung noch Alle in der größten Aufregung, als Hermann bereits die Stiegen zu der Wohnung seines alten Freundes und Beschützers hinanstieg.

Herr Plattner lebte noch immer in dem Stübchen, in welchem er gewohnt, als Hermann ein Kind gewesen.

Es waren noch immer die kahlen grauen Wände, noch
immer hingen das Bild des Schlosses und das Portrait
der Fürstin über dem Schreibtisch von weißem Holz, aber
der kleine Raum hatte den Anstrich der Armuth verloren
und ein freundlicheres Ansehen bekommen. Es war un-
verkennbar, daß sich Jemand um denselben bekümmerte,
der Freude daran hatte, ihn wohnlicher zu machen. Es
lag eine dicke Decke unter dem Tische, die Füße des
Schreibenden warm zu halten, er hatte auch einen Stuhl
mit einer Lehne, an welcher zum Ueberflusse noch oben
eine Schlummerrolle befestigt war, den Kopf des Ruhenden
zu stützen. An der entgegengesetzten Wand, nicht weit
von seinem Bette, standen auf einem andern Tische eine
Schiebelampe und ein einfaches Theegeräth, und der
große, wohlgenährte Kater, der sich auf dem Fenster-
brette behaglich in der untergehenden Sonne dehnte, verrieth unwiderleglich, daß Herr Plattner jetzt die Mittel
besitzen mußte, einen solchen Hausgenossen wohl zu unterhalten.

Herr Plattner hörte eben auf zu schreiben. Er hatte
die Brille, die er schon seit Jahren tragen mußte, von
der Nase genommen, und war dabei, noch Ordnung in
seinen Papieren und Schreibereien zu machen, als es an
seine Thüre pochte und im nächsten Augenblicke Hermann
sich in seine Arme warf.

Der Greis war überrascht, aber Gutes begreift sich schnell. „Mein Freund! mein Lehrer!" rief Hermann aus, „so sehe ich Sie endlich wieder!"

Herr Plattner machte sich von ihm los, blieb in geringer Entfernung von ihm stehen, setzte die Brille auf und betrachtete ihn mit liebevollem Schweigen. „Gott lob!" sprach er dann, indem er die Hände faltete und wie im Dankgebet erhob, „Gott lob, Du bringst Dein altes klares Auge, Du bringst die reine Stirn wieder." — Die Wimpern mußten ihm feucht geworden sein, denn er fuhr mit der Hand leise darüber, und sagte dann: „Sei mir willkommen, mein Sohn! Aber woher bist Du schon heute hier? Ich erwartete Dich nach Deinem Briefe erst in drei bis vier Tagen."

Hermann's Gesicht überstrahlte eine schöne Lebendigkeit. „Es litt mich nicht zu rasten," sagte er, „seit ich in Triest den Fuß auf's Land gesetzt, seit ich mich wieder in Europa und vollends in Deutschland wußte. Ich dachte, Alles, was ich thun und sehen wolle, könne ich auch später thun und sehen. Und das Glück hat seinen Aberglauben, ich wollte nicht versäumen, so bald als möglich hier zu sein, denn —" er sprach nicht zu Ende, was er hatte sagen wollen, sondern legte seine beiden Arme dem Kandidaten auf die Schultern und rief: „Welch' ein Glück ist's, daß ich die Eltern, daß ich Sie so wiederfinde, daß ich Ihnen danken kann für Alles, was Sie mir gethan, für Alles, was ich durch Sie geworden bin!"

Der Kandidat erwiderte nichts. Er hatte sich nieder= gesetzt, als müsse er sich erholen, als wandle ihm eine Schwäche an. Hermann trat besorgt zu ihm. „Sind Sie unwohl? Habe ich Sie erschreckt?" rief er aus.

Herr Plattner schüttelte verneinend das Haupt. „Ich freue mich so sehr," sagte er endlich, „und ich hatte nicht geglaubt, daß ich es vermöchte." Er weinte, daß er es nicht verbergen konnte. Der große, schöne Mann hatte sich neben ihn hingekniet und hielt ihn so umschlungen. Als der Greis sich beruhigt hatte, sagte er: „Steh' auf! steh' auf, mein Sohn! Ich gehöre nicht zu denen, vor welchen man knieen soll. Und nun ist's genug von mir, Du bist nicht meinetwegen heimgekehrt; laß uns von Dir reden und von dem, was Dir am meisten am Herzen liegt."

„Nein," unterbrach ihn Jener, „einen Augenblick noch. Ich habe eine Botschaft an Sie, und diese war es, die mich nicht ruhen und nicht rasten ließ, bis ich sie in Ihren Händen wußte."

Er zog seine Brieftasche heraus, suchte unter verschie= denen Papieren, und reichte endlich dem Kandidaten ein versiegeltes Schreiben hin. Herr Plattner nahm es, be= trachtete das Siegel und seine Hände zitterten, da er es erblickte.

„Was soll mir das? Woher hast Du das Blatt?" rief
er, während seine Wangen sich entfärbten und seine Lippen
bebten.

„Lesen Sie! lesen Sie! Ich bringe Ihnen Gutes!"
betheuerte der Andere.

Der Kandidat gehorchte. Der Brief lautete: „Es ist
eine wundersame Gewalt thätig und herrschend in der
Welt, mag man sie Gott oder Schicksal nennen, und mag
man die Leitung der irdischen Dinge, wie Sie es thun,
einer allweisen Vorsehung oder einer innern Nothwendigkeit zuschreiben, so sind die Wege des Lebens dazu angethan, uns in Verwunderung zu setzen.

„Ein gelegentlicher Besuch in der Maschinenfabrik,
welche das Gouvernement in Kairo eingerichtet hat, machte
mich mit Herrn Brückner bekannt. Von ihm hörte ich,
seit den Tagen meiner ersten Jugend zum ersten Male
wieder Ihren Namen nennen, erfuhr ich von Ihrem Leben
und von Ihrem Lebenslauf.

„Es ist viel Zeit vergangen seit der Stunde, die uns
trennte. Ihr Schüler Alexander ist seit vielen Jahren ein
Mann geworden, und Manches, das er gefördert und geleistet, ist aus dem Samen erwachsen, den Sie einst in
seine junge Seele streuten. Fürst Michael ist seit fünfzehn
Jahren todt. Die Papiere und Briefschaften meiner
Mutter haben mich dahin gebracht, ihren frühen Hingang

nicht mehr als ein Unglück für sie zu betrachten. Ihr
Leben an meines Vaters Seite war kein Glück für sie;
sie selber nannte die Liebe, welche Sie ihr geweiht, den
Segen und die Verklärung ihres Daseins.

„Daß ich, daß Vera's Sohn Ihnen dieses sagt, soll
Ihnen dazu helfen, freier in die Vergangenheit zurück zu
denken und muthiger in die Zukunft zu sehen, wenn eine
solche dem kurzlebigen Menschen über seinen Tod hinaus
vergönnt ist. Einsicht bringt ja den Menschen zum Vergeben und Verzeihen. Der Allwissende, an den Sie glauben, muß also auch nothwendig ein Allerbarmer sein!"

Das Blatt war Fürst Alexander D.... gezeichnet.

Der Greis las es und las es wieder, er hielt es fest
in seinen Händen, und ein Strom heißer Thränen ent-
stürzte seinen Augen, als er mit dem Ausruf: „Erlösung!
Erlösung!" in seinen Sessel niedersank und betend eine
Weile in sich versunken blieb.

————————

XIII.

Die Fenster des Zimmers waren geöffnet, aber es war
still auf der sonst so lebhaften Königsstraße, und auch auf
den Fluren und Treppen des Corridors ließ sich kein Laut
vernehmen. Es war tief in der Nacht.

Hermann hatte die Seinen am Abend in seinem Zimmer bewirthet, und dann noch lange mit dem Kandidaten beisammen gesessen und viel erkundet und Alles berathen. Als der Greis ihn verließ, hatte er sich zum Schreiben niedergesetzt. Nun war sein Brief beendet. Er setzte die Aufschrift darauf, aber ehe er ihn siegelte und in das kleine Packet band, das ihn begleiten sollte, las er ihn noch einmal durch. Er lautete:

„Seit heute Morgen bin ich in Berlin, seit zwei Stunden, seit meine alten Eltern mich verlassen haben, waren meine Gedanken ausschließlich bei Ihnen! — Wann waren sie das nicht in all' den Jahren, die zwischen heute und jenem Tage liegen, an welchem Sie dem armen fortwandernden Gesellen das Buch zum Angedenken gaben, das ich in diesem Augenblick nicht ohne Rührung ansehen kann, und das ich in Ihre Hände zurückgebe. Als ein Pfand der Neigung hat es mich begleitet auf allen meinen Wegen; als ein Pfand der Liebe und einer unverbrüchlich bewahrten Treue bringe ich es Ihnen wieder. Lisette, hat meine Liebe, hat meine Treue Werth für Sie? und haben Sie mich nicht vergessen?

„Als ich von Manchester aus Ihrem Großvater schrieb, erhielt ich keine Antwort. Es that mir wehe, aber ich mußte ihm Recht geben, wenn ich mich in seine Stelle dachte. Er konnte das Schicksal seiner Enkelin nicht an

ungewisse Hoffnungen sich ketten lassen. Es mußte ihm
und Ihnen nach allen Seiten freie Hand verbleiben, und
es mochte ihm auch anmaßend erscheinen, daß ich Wünsche
und Hoffnungen durchblicken ließ, wo ich nichts zu bieten
hatte. Ihnen gegenüber, theure Lisette, mag meine Liebe
mich entschuldigen, bei Ihrem Großvater muß meine jetzige
günstige Lage zum Fürsprecher für die Vergangenheit und
Zukunft werden.

„Ich hatte in Manchester mich in der Fabrik meines
Freundes gut eingearbeitet, als ein Agent der egyptischen
Regierung in die englischen Fabrikdistrikte kam, um dort
für sein Gouvernement Ankäufe von Maschinen zu machen,
und Sachverständige für ihre Aufstellung und für die erste
Leitung der in Alexandrien und Kairo zu errichtenden
Fabriken zu gewinnen. Die Anerbietungen, welche man
machte, waren vortheilhaft. Die Lust, welche ich von
Kindheit an gehegt, die Welt zu sehen und die heißen
Klimate kennen zu lernen, fiel mit in die Waage; ich ver=
pflichtete mich für zwei Jahre, mit der Bedingung, wenn
ich in meiner Stellung zu verbleiben wünsche, sie dann
auf zehn Jahre mit einer ansehnlichen Gehaltserhöhung
behalten zu können. Diese zwei Jahre sind nahezu ver=
flossen. Ich habe einen Urlaub gefordert, um mein Vater=
land, um meine Heimath, um Sie, Lisette, wieder zu sehen

und die Entscheidung über meine Zukunft in Ihre Hand
zu legen.

„Ich bin gern in Egypten, und ich bin in der Lage,
Ihnen und der Familie, die ich zu gründen wünsche, ein
reichliches Auskommen und einen geachteten Namen zu
bieten. Aber wollen Sie die Meine werden und wollen
Sie Europa nicht verlassen, so sind mir von dem Fürsten
Alexander D...., dessen Lehrer unser alter, verehrter
Freund, der Kandidat Plattner einst gewesen ist, ebenfalls
günstige Anerbietungen zur Begründung einer Schienen=
und Glocken=Fabrik auf seinen Gütern im europäischen
Rußland gemacht, und wollen endlich Ihre Großeltern
nicht darin willigen, Sie mir zu geben, wenn ich Sie
ihnen entziehe, nun — so müssen Sie mit mir warten,
liebe Lisette! und es werden sich auch hier in Berlin eine
Thätigkeit und ein Erwerb für mich finden lassen, denn
ich verstehe mein Fach und habe Muth und Kraft.

„Es fragt sich nur, Lisette, ob Sie wollen? — Wie
es kam, daß mein ganzes Herz Ihnen gehörte, seit ich zu
denken weiß, das brauche ich nicht zu erklären. Daß Ihre
Neigung sich mir, dem armen Jungen, zugewendet, das
ist mir immer als das eigentliche Glück meines Daseins
erschienen, dem ja auch die Freundschaft unseres guten
Plattner so früh, und damals auch ganz unverdient, zu
Theil geworden ist.

„Und während ich Sie frage, ob Sie meiner noch ge=
denken, ob Sie mich nicht vergessen haben, begehe ich das
erste Unrecht, dessen ich mich gegen Sie schuldig weiß.
Wer als Kind seinen Schmerz zu überwinden und ohne
Aufforderung zu schweigen wußte, um seinem Spielgefährten
eine Strafe zu ersparen; wer wie Sie in feinster Weise
die hülfreiche Beschützerin meiner Familie wurde; wer sich
wie Sie zur Schülerin des Mannes machte, dem ich danke,
was ich bin, um diesem Manne beistehen und den Nieder=
gebeugten durch antheilvolle Liebe aufrichten zu können:
der hat mich nicht vergessen und der liebt mich auch.

„Lisette! ich habe in diesen Stunden keinen Gedanken
als Dich. Unser guter Plattner, dem ich eine Befreiung
von seinem schwersten Schmerze zu verkünden das Glück
hatte, bringt Dir in der Frühe diesen Brief und das
Bändchen Schiller'scher Gedichte, das Du kennst. Ich
werde bald darnach in Deiner Nähe sein. Werde Du
mein Botschafter bei Deinen Großeltern, und laß mich
bald aus Deinen Augen, von Deinem Munde vernehmen,
daß Du mich zu dem glücklichsten der Menschen machen
willst."

Er siegelte den Brief sorgfältig zu, adressirte ihn und
legte ihn in das Bändchen Schiller'scher Gedichte, das ihn
durch sein ganzes Leben begleitet hatte. Dann versah er
dasselbe mit einem bloßen Papierumschlag, und legte sich

nieder, um die glückseligsten Träume zu genießen, aus denen bald das Kind Lisette, bald das Weib hervortauchte, das in seiner Phantasie herrschte und das er heiß ersehnte.

Gerade um dieselbe Morgenstunde, in welcher Frau Werner den Kutscher in die Stadt schickte, um den Geburtstagskuchen herauszuholen und den Herrn Kandibaten mitzubringen, ohne den im Werner'schen Hause nichts mehr geschehen konnte, seit Lisette ihn so in Freundschaft genommen, hatten sich Hermann und Herr Plattner in eine Droschke gesetzt und dem Kutscher den Weg nach dem Landhause des Herrn Werner angegeben.

Es war eine geraume Zeit verflossen, seit Hermann zuletzt durch diese Straßen und Plätze gefahren, aber so achtsam er sonst auch auf alles dasjenige war, was ihn umgab, heute hatte er kein Auge dafür. Er wurde nicht müde, es Herrn Plattner einzuschärfen, wie er Lisetten das Buch geben solle, nicht müde, ihm zu wiederholen, daß er in den Wiesen unter dem Erlenbusche, dessen er sich von seinem letzten Besuche in Berlin erinnerte, den Ausgang und den Erfolg des Briefes abwarten wollte, und Herr Plattner, der wie ein ganz anderer Mensch und völlig verjüngt an seines Schülers Seite da saß, mußte immer lächeln, wenn Hermann ihn versicherte, daß er fest entschlossen sei, Berlin noch heute zu verlassen, wenn Lisette

seiner nicht mehr denken und seiner Werbung nicht Gehör
schenken sollte.

Frau Werver hatte unterdeß im Hause umher geschafft,
und saß, ihrem alten Grundsatze getreu, daß man die
Arbeit hübsch in der Frühe anfangen und bei Zeiten ab=
thun müsse, schon um elf Uhr auf dem Balkon vor ihrer
Gartenstube fix und fertig angezogen, und freute sich der
schattigen Wärme unter ihrer Marquise. Ihr dicker Fuß
ruhte jetzt sehr bequem auf einem gestickten Kissen und das
Strickzeug lag Anstands halber auf der damastnen Kaffee=
serviette, die über den Tisch vor der Thüre gebreitet war,
denn sich mit der Arbeit zu plagen, hatte sie bei ihren
Jahren, und vollends bei dem schönen Wetter, doch nicht
nöthig. Sie hielt darauf, daß es bei ihr im Garten und
auf ihrem Balkon gerade so anständig und schön aussähe,
wie bei ihren Nachbarn, die hier draußen schon länger
ansässig waren, als sie. Und in dem Betrachten dessen,
was in den zunächst gelegenen Häusern vorging, und in
dem Ueberlegen, daß sie Alles ganz eben so gut haben
und bezahlen könne, als die Besitzer der nächsten Grund=
stücke, war ihr die Zeit nicht lang geworden, und sie sah
plötzlich mit Verwunderung an der großen Schlaguhr
gegenüber der Thüre, daß es elf Uhr und der Kutscher
noch nicht zurückgekehrt sei.

„Wo nur der Mensch bleibt!" sagte sie zu ihrem Manne,

der ihr gegenüber noch ohne Brille seine Vossische Zeitung las. „Wo nur der Mensch bleibt!" wiederholte sie und nahm behutsam den Fuß von dem Polster herunter, um an die Treppe zu gehen und nach ihrem Wagen auszuschauen. „Da wird er wieder zu Hause bei der Frau stecken und der arme Plattner wird sitzen und auf ihn warten, denn die Lisette hat es ihm geschrieben, daß er um zehn Uhr abgeholt werden würde."

„Es thäte nachgerade Noth," meinte der Vater, „daß man Euch den Kandidaten ganz herausnähme. Es sind in diesem Frühjahre nicht viel Tage da gewesen, an denen Ihr ihn nicht hättet holen lassen."

„Ihr?" rief die Mutter, und sah dabei nach der schweren goldenen Uhr, ihrem liebsten Besitzstücke, die sie an einer dicken Erbskette und obenein noch an einem goldenen mit Amethysten verzierten Haken an der Seite trug. „Ihr? Ich bin es doch nicht, die ihn alle Tage holen läßt. Ich nehme keine Lectionen bei ihm, wie die Lisette, und ich frage auch den Tausend nichts nach aller der Politik, über die Du immer mit ihm zu discuriren hast. Meinetwegen brauchte er nicht zu kommen, wenn schon ich dem alten ehrlichen Gesicht das Bischen frische Luft hier draußen und sein ordentliches Mittag= oder Abendbrod auch von Herzen gönne. Wir haben's ja dazu!"

Sie hatte die letzten Worte aber noch nicht beendet,

als sie sich weit herausbog über das Geländer und sich die
Hand über die Augen hielt, als traue sie diesen nicht,
weil sie die Sonne blendete.

„Was hat denn das zu bedeuten?" rief sie. „Da
kommt ja der Kandidat mit noch einem Andern in einer
Droschke angefahren."

Herr Werner war in seine Zeitung vertieft, er ant=
wortete daher nicht gleich. Sich das gefallen zu lassen,
war aber nicht die Sache seiner Frau. „Werner!" rief
sie noch lebhafter, „so leg' doch das elende Stück Papier
aus der Hand. Herr Gott! vor lauter Lesen verlernst
Du noch das Hören und Sehen. Sag' mir nur, was
bedeutet denn das? Nun steigt er aus und kommt hierher
zu Fuß, und der Andere steigt auch ab und geht hinten
herum, hinter Bergmann's Grundstück weg. Das ist ja
reiner Unsinn; wozu ist er denn ausgestiegen, er hätte sich
doch können bis hierher fahren lassen, wenn die Droschke
doch einmal bezahlt war. Als ob er nicht hätte warten
können, bis der Wagen gekommen wäre."

„Er wird wohl seinen Grund dazu gehabt haben,
früher zu kommen," meinte Herr Werner, der auch jetzt
noch immer gelassener zu werden pflegte, je mehr seine
Frau sich ereiferte.

Sie konnte sich jedoch den Grund nicht denken, wie sie
sagte, und sie war noch nicht mit ihrer Verwunderung und

mit ihrem Aerger über ihren Kutscher fertig, der, wenn er
nicht immer so unpünktlich wäre, dem Kandidaten die
Droschkenfahrt hätte ersparen können, als dieser in das
Gartenthor eintrat. Kaum sah sie ihn nun in ihrem Bereiche, als sie ihm entgegenging und ihm die Frage zurief,
mit wem und weshalb er denn herausgefahren sei, und
weshalb er ihren Wagen nicht erwartet hätte.

Der Kandidat, der seit er Lisettens Lehrer geworden
und in Folge ihrer Empfehlung noch ein paar Schüler
aus den Kreisen der wohlhabenden Gewerbetreibenden bekommen hatte, mehr auf sich verwenden konnte, sah heute
in seiner saubern Kleidung noch viel reputirlicher aus als
sonst. Er hatte noch sein ganzes gemessenes und form-
volles Wesen beibehalten und auf den lebhaften Zuruf der
eifrigen Hausfrau entgegnete er nach ruhiger Begrüßung:
er habe sich früher auf den Weg gemacht, weil er Fräulein Lisette ein Buch zu bringen gehabt, das sie, wie er
glaube, schon lange zu besitzen gewünscht. Unterwegs sei
er müde geworden und habe einen vorüberfahrenden Herrn
gebeten, ihn einsteigen zu lassen.

Die Wernerin schüttelte den Kopf. Sie wollte wissen,
wer der Herr gewesen sei. Der Kandidat entgegnete, das
könne er nicht sagen. Nun riß der Wernerin die Geduld.
Sie nannte es außer allem Spaß, daß ein alter Mann
um der Lisette willen solche Streiche mache. Daß er in

der Mittagshitze, in der Sonnengluth solch' einen Weg
zu Fuß gelaufen sei, und daß er dann wildfremde Men=
schen angehe, weil er nicht weiter könne, das müsse dem
Mädchen ja den Kopf verdrehen. „Unsere jungen Leute,"
so schloß sie ihre Rede, „die sind jetzt alle viel vernünf=
tiger, die thun so etwas nicht, und darum ist der Lisette
nachher auch Niemand recht, weil Sie sie so verziehen,
Herr Plattner!"

„Bist Du nun fertig?" fragte Herr Werner, der in=
zwischen dem Gaste einen Stuhl geboten und dessen Glück=
wunsch zum Geburtstage empfangen hatte. Indeß man
konnte es Herrn Plattner anmerken, daß er keine rechte
Ruhe hatte, und eben fragte er, ob das Fräulein nicht
zu Hause sei, als Lisette, welche die Stimme ihres alten
Freundes gehört hatte, zu ihnen in das Freie hinaustrat.

Sie reichte dem Kandidaten die Hand. „Weshalb
schilt denn die Großmutter so mit Ihnen?" rief sie ihm
entgegen, „ich hörte es bis in meine Stube."

„Weil ich früher herausgekommen bin, um Ihnen ein
Buch zu bringen," versetzte der Kandidat, und es fiel Li=
setten auf, daß er sie scharf in's Auge faßte, und daß
seine Stimme anders klang, als sie sie sonst zu hören ge=
wohnt war.

Er zog dabei ein kleines Päckchen aus der Tasche und
reichte es seiner jungen Freundin hin. Lisette nahm es,

öffnete den Umschlag, der Kandidat wendete keinen Blick von ihr. Ein schnelles Roth überflog ihr Gesicht, ihr Auge flammte auf, sie war ihrer selbst nicht mächtig und ganz fassungslos rief sie: „Oh! wenn Sie mir das bringen, dann ist's gut!" — Und ehe die erstaunten Großeltern noch eine Frage um die Ursache ihrer Erschütterung und Aufregung thun konnten, war sie in das Haus geeilt und hatte die Thüre ihrer Stube hinter sich rasch zugemacht.

Den Fragen, dem Staunen des Großvaters, der Neugier und der Heftigkeit der Großmutter Stand zu halten, wäre für Herrn Plattner, wenn er das Geheimniß nicht verrathen wollte, keine leichte Sache gewesen, hätte der Zustand länger gewährt. Indeß schon nach wenigen Minuten kam Lisette heraus, mit Augen, in denen die hellen Freudenthränen strahlten, und mit dem Ausruf: „Wo ist er? Ach, wo ist 'er?"

„In der Wiese am Erlenbusch," bedeutete der Kandidat, und mit geflügeltem Schritt eilte Lisette hinunter in den Garten, wo sie dem Auge der Großeltern durch die Hecken bald entzogen wurde.

Der Kandidat war sprachlos. Ihm klopfte das alte Herz in der Brust. Er hatte sie ja einmal empfunden, die Seligkeit der Liebe, und er kannte die Kraft der beiden Herzen, die er herangebildet, die er befestigt hatte in dem Glauben an das Sittliche und Heilige, und die in dieser Stunde das Glück des Wiedersehens nach langem, treuem Hoffen zu genießen hatten.

„Ist die Lisette toll geworden?" fragte die Wernerin; und: „Ist der Brückner zurück?" fragte leise Herr Werner, dem eine Ahnung des Zusammenhangs aufdämmerte.

„Ja!" rief der Kandidat, „ja, er ist zurück, und dort kommten sie ja schon, die beiden lieben Menschen!"

Die Wernerin sah hinunter; da kam Lisette her, umfangen von dem Arme eines schönen, großen Mannes, und Beide so strahlend, so hell in ihrer Herzen Zuversicht nnd Freude.

„Aber wie ist mir denn!" rief die Großmutter, „ist das nicht der Hermann, der so manchen Puff von mir bekommen? Nein! wie die Zeit vergeht, man soll es gar nicht denken!"

Sie schlug die Hände ein Mal um's andere zusammen, aber es blieb ihr nicht viel Zeit für all' ihr Staunen und Verwundern. Die Liebenden waren da, sie lagen dem Großvater in den Armen, sie küßten die Wernerin, sie umarmten den Kandidaten, und die Sonne schien dazu so hell, daß der gute alte Herr Plattner wie in einem Glorienscheine dastand, als der Wagen ankam, der ihn hatte herausholen sollen.

„Kehr' um!" rief Herr Werner, „fahre gleich in die Stadt zurück zum Meister Brückner, und hole Alles heraus, was von der Familie da ist. Sie sollen heute mit uns Mittag essen und Kaffee trinken und Abendbrod essen, allesammt. Es ist Geburtstag hier. Bestelle das; Geburtstag und noch etwas anderes."

„Laß nur erst den Kuchen auspacken," meinte die Wernerin.

Und: „Ich muß doch erst füttern!" wendete der Kutscher ein.

„Du kannst drin in der Stadt füttern," bedeutete Herr Werner, „mach', daß Du fort kommst!"

Solche Zucht und Wirthschaft hatte der Kutscher seit all den Jahren, die er bei den Pferden war, noch nicht erlebt. Solche Freude war aber in dem Hause auch noch nicht gewesen.

Hermann mußte erzählen und mußte sich betrachten lassen, denn die Wernerin konnte und konnte es nicht begreifen. Und Herr Werner lachte zu all' den Aussichten, die Hermann hatte, und nannte es Narrenspossen, wenn er von Egypten und von Rußland sprach.

„Hier hinten auf der Wiese, da wo Ihr Euch wiedergesehen habt, da ist Egypten und Rußland genug," sagte er, „da bau' Dir, was Du willst, und treibe, was Du magst. Der Schwiegersohn vom alten Werner kann's mit ansehen, bis sein Haus gebaut ist, und da mein Enkel satt geworden an meinem Tisch, so wird auch wohl für's

Urenkel noch etwas da sein, wenn's inzwischen kommen
wollte."

Er war glücklicher, der alte Herr Werner, als ihn je
einer der Seinigen gesehen, er hatte immer den Hermann
gern gehabt, und er freute sich, daß Lisette ihren Willen
durchgesetzt.

Wie die Stunden vergingen, wie der Mittag verstrich,
wie der Meister Brückner aus dem Wagen stieg, und seine
Frau, die nie in einer Kutsche gesessen hatte, gar nicht
heraus kommen konnte, wer wollte das zu schildern unter=
nehmen! Große Freude wirbelt ihre einzelnen Momente
so kaleidoskopisch durcheinander, daß sie nicht festzuhalten
sind, und nur das Bild einer unbegreiflichen phantastischen
Herrlichkeit davon in der Erinnerung zurückbleibt.

Am Abend, als sich die einzelnen Personen beruhigt
hatten, sagte die Wernerin: „Ich muß lachen, wenn ich
den Hermann jetzt so vor mir sehe und dabei denke, wie
sie ihn immer in der Straße den reitenden Kesselflicker
schimpften, weil er dazumal so schlecht in Kleidern und so
auf das Reiten versessen war."

„Wenn ich's erlebe, daß ich noch einen Urenkelsohn
hier im Hause habe," meinte der Großvater, „so soll der
Hermann sein eignes Reitpferd haben, und ein Reitpferd,
das sich sehen lassen kann."

Hermann hörte das nicht in seinem stillen Plaudern

mit der Braut, bis sein Vater ihn mit den Worten an=
rief: „Das Liebste ist mir, daß er doch auf seinen Kopf
bestanden hat, und wie die alten Juden in die Wüste
hinein gekommen ist."

„Ja," sagte Hermann, „nur umgekehrt. Die Juden
zogen aus der Heimath in die Wüste und ich bin aus der
Wüste in die Heimath, und in welche Heimath und an
welches Herz zurückgekehrt."

„Die Wüste soll leben!" rief Meister Brückner, dem
der Wein und die Aufregung die alten Wangen rötheten.

„Und der Kesselflicker daneben!" sprach die Wernerin,
die einen Spaß in Ehren liebte.

Hermann lachte. „Nun mit dem Kesselbauen, wenn
auch nicht mit dem Kesselflicken, kann es eine Wahrheit
werden, Großmutter!" sagte er. „Denn ich denke Ihnen
hier einen Kessel aufzustellen, der Tag und Nacht nicht
aus dem Kochen kommen, und der uns satt machen soll
für alle Zeit."

Und als dann Meister Brückner mit der Frau schon
lange in einer Droschke in die Stadt befördert worden,
und Herr Werner und die Frau zur Ruhe gegangen waren,
da schieden Hermann und Lisette in dem Beisein ihres
alten Freundes zum ersten Male von einander, und Herr
Plattner umarmte sie Beide und sagte: „Ihr seid meine
Erlöser geworden, jetzt kann ich ruhig sterben. Bleibt

rein von Schuld und laßt mich leben in Eurem An=
gedenken."

„Und noch lange leben mit uns!" riefen die beiden
Glücklichen, und immer und immer klang noch ein letztes:
„Gute Nacht!" ihm nach, als Hermann mit seinem alten
Freunde in die Stadt zurückkehrte, zu deren geachtetsten
Bürgern, zu deren thätigsten Gewerbtreibenden Herr Her=
mann Brückner in diesem Augenblicke zählt.

Das Haus, das er sich erbaut hat, sieht hell zwischen
seinen mit jedem Jahre wachsenden Fabrikanlagen hervor,
und trägt über seiner Thüre den einfachen Wahlspruch:
„Arbeite und beharre!"

Ein ächt bürgerlicher Wahlspruch und recht eigentlich
hervorgegangen aus dem Geiste, der den Berliner Kindern,
dem Berliner Bürgerstande eigen ist und eigen bleiben
möge für alle Zeit.

Das lebende Bild.

Ein Mährchen.

(1858.)

Als die Republik Venedig noch in ihrer ganzen Macht und Größe bestand und über viele Inseln des mittelländischen Meeres herrschte, blühten in ihr Handel, Gewerbe und Künste, wie sonst fast nirgends auf dem Erdenrunde. Von weit und breit kam man herbei, die majestätischen Kirchen, die stolzen Paläste zu bewundern, die in marmorner Herrlichkeit aus dem bläulichen Wasser der Canäle emporstiegen, und die Meisterwerke der bildenden Kunst zu sehen, mit denen die Hand der großen Maler und Bildhauer sie geschmückt hatte.

Unter diesen war Meister Lorenzo, obschon fast noch ein Jüngling zu nennen, doch einer der berühmtesten, und aus allen Ländern reisten die jungen Künstler nach Venedig, um als seine Schüler Aufnahme bei ihm zu finden. Aber auch in der Vaterstadt ward er hochgeehrt. Die vornehmsten Edelleute, die fürstengleichen Nobili, ja der Doge selbst, bewiesen ihm die größte Achtung, und man

war stolz darauf, ein Gemälde von seiner Hand zu besitzen.

Daher hatte der Doge auch ein prächtiges Fest veranstaltet, als ein neues Bild des Meisters Lorenzo im
großen Saale des Palastes aufgestellt und enthüllt werden
sollte. Es zeigte den Dogen, einen eben so weisen Herr-
scher im Frieden, als tapferen Helden im Kriege, wie er
als Triumphator heimkehrte von seinem Siege über die
muhamedanischen Seeräuber, welche damals noch das adria-
tische und mittelländische Meer unsicher machten und auch
den venezianischen Schiffen oft großen Schaden zufügten.

Schon am Vorabend hatte Meister Lorenzo das Bild
mit seinen Schülern aufgestellt, und am Tage des Festes,
als die Sonne hoch am Himmel glänzte und das rechte
Licht in den Saal fiel, flog Gondel nach Gondel durch
die Kanäle hin, die Gäste nach dem Dogenpalaste zu
tragen. Die Gondoliere waren in ihren Staatslivreen,
mit den Farben der adeligen Geschlechter geschmückt, in
deren Dienst sie standen, aber die Edelleute selbst, so
Männer als Frauen, trugen über ihrer prächtigen Fest-
kleidung den schwarzen Tabarro, einen weiten Mantel,
ohne den kein adeliger Venezianer sich auf der Straße
sehen ließ.

Als alle übrigen Geladenen versammelt waren, trat
Meister Tizian, der erste Maler seiner Zeit, in die Halle

ein und eine laute Fanfare gab nun das Zeichen zum Be=
ginn des Festes. Die Thüren des großen Saales wurden
geöffnet, die Gäste verfügten sich zu ihren Plätzen, und
neben dem noch verhüllten Bilde stand Meister Lorenzo,
eine hohe, edle Gestalt. Sein Auge leuchtete vor innerer
Bewegung, seine Wange war kräftiger geröthet als sonst,
und das herabfallende Gelock seines dunkelbraunen Haares
hob die Schönheit der Stirn, auf der das Bewußtsein
eines nahen Triumphes in Siegesfreude thronte, obschon
seine Blicke ab und zu sich mit unterordnender Scheu auf
den greisen Meister Tizian gerichtet hatten, dem gegenüber
Meister Lorenzo sich noch immer als ein lernbegieriger
Schüler empfand.

Endlich, als auch der Doge und seine Tochter Donna
Julia in den Saal getreten waren und sich niedergelassen
hatten, zog Lorenzo's ältester Schüler auf einen Wink des
Meisters mit rascher Hand den Vorhang von grünem
Sammet zurück, der das Bild bis dahin den Blicken der
Gesellschaft verhüllt hatte. Ein kaum hörbarer Ausruf
freudiger Bewunderung tönte durch den Raum. Man
staunte, prüfte, genoß den vollen Eindruck schweigend lange
Zeit, denn die Kunst war damals ein Gegenstand der
Andacht in Italien, dann erhob sich ein lauter Beifalls=
ruf und alle Blicke wendeten sich von dem Bilde zu dem
Meister, der es geschaffen.

Der Doge, die Nobili, die schönsten Frauen überhäuf=
ten ihn mit Lobsprüchen; der greise Meister Tizian aber
trat auf den jungen Kunstgenossen zu, ihn mit froher,
warmer Anerkennung zu preisen. So hoch das den Lo=
renzo in jeder andern Stunde beglückt haben würde, schien
er doch von all der Freude und Bewunderung jetzt nichts
zu sehen und zu hören. Die Worte Tizians, der Dank
des Dogen erhielten kaum eine verwirrte Antwort. Man
wußte nicht, was man von ihm denken sollte.

Er hatte seine Hände über das Herz gepreßt und wie
in einer Verzückung hingen seine Augen an Donna Julia,
an der schönen Tochter des Dogen von Venedig. Erst
als sie an ihn herantrat, als sie im Auftrage ihres Va=
ters dem Maler einen Lorbeerkranz auf purpurnem Kissen
überreichte, durchzuckte plötzlich wieder heißes Leben seine
Glieder. Sein Auge leuchtete, seine Brust hob sich tief=
athmend empor, und mit fester Hand den Lorbeerkranz
von sich weisend, den Donna Julia ihm bot, sagte er leise,
daß nur sie es hören konnte: „Erst wenn ich Euch gemalt,
verdiene ich ihn!"

Dann bog er sich auf ein Knie vor ihr nieder, stand
schnell auf, legte den Kranz mit einer raschen Wendung
dem greisen Tizian zu Füßen und verließ den Saal, so
daß alle Anwesenden ihm betroffen mit ihren Blicken

folgten, und ein großes Erstaunen sich der ganzen Ge=
sellschaft bemächtigte.

Man umringte Donna Julia, man fragte, man ver=
muthete, man wollte wissen, aber sie widersprach allen
Vermuthungen und erklärte selbst ihrem Vater, sie habe
die Worte des Malers nicht verstanden. Das beschäftigte
die Gesellschaft eine Weile bis Meister Tizian sich in das
Mittel legte.

„Wollet nicht rechten mit einem Künstler, edle Herren
und Damen," sagte er, „wenn nach langer Zeit der Ar=
beit, nach Tagen sorgenvoller Spannung, der Beifall einer
so edeln Versammlung, so erlauchter Gönner und Kunst=
verständiger ihn überwältigend erschüttert und er den Lor=
beer zurückweist, weil er noch Schöneres zu leisten hofft.
Ich kenne Meister Lorenzo. Es war gewiß ein edles
Gefühl, das ihn bewog, diesen Saal so plötzlich zu ver=
lassen. Nehmt es als ein solches an."

Das ließ die Gesellschaft sich gefallen, weil es ihr
schmeichelte, und bei den Freuden des Bankettes vergaß
man den Vorfall, nachdem der Doge selbst auf das Wohl
des Meister Lorenzo seinen Becher geleert hatte.

Der aber saß während dessen in seiner Werkstatt und
sah mit düsterem Auge die Bilder an, welche auf den
Staffeleien vor ihm standen.

„Was seid ihr und euer lebenheuchelnder Schein gegen

11*

das Urbild aller Schönheit?" rief er aus. „Was ist euer
Farbenglanz gegen die Sonne des Lebens, die aus dem
golbenen Lichte ihrer braunen Augen leuchtet? Was ist
die Kunst gegen eine Julia!"

Seine ganze Seele lebte in der Erinnerung an sie.
Er sah sie vor sich, die stolze, volle Gestalt der siebzehn=
jährigen Jungfrau, das röthlichblonde Haar von langen,
weißen Perlenschnüren durchflochten, mit funkelnden Edel=
steinen geziert, den schlanken Leib gehüllt in das Gewand
von braungelbem Brokat, aus dem der Nacken und die
Brust in blendender Weiße hervorsahen, und je deutlicher
er sich die klare Stirn, die edel gebogene Nase, den schö=
nen Mund, die Form der Wangen und vollends gar die
braunen Augen vor die Seele rief, um so fester stand in
ihm der Vorsatz, nie wieder ein anderes Bild zu malen,
bis er das Bildniß Donna Julia's vollendet, schön und
herrlich wie sie selbst, glanzvoll, wie es in seinem Herzen
lebte.

Schon am Morgen des nächsten Tages stieg er die
breite Treppe des Palastes empor, eine Audienz bei dem
Dogen zu erbitten, der ihn augenblicklich vor sich zu führen
befahl.

„Nun, Meister Lorenzo," redete er ihn freundlich an,
„was wandelte Euch denn gestern an, daß Ihr Euch un=
serer Bewunderung so plötzlich entzogen habt? Ich hoffe,

die böse Stimmung ist vorüber und Ihr verschmäht es nicht mehr, das Lob und den Dank zu empfangen, die wir Euch als gerechten Lohn aus vollem Herzen zollen?"

„Verzeiht, mein edler Herr," entgegnete Lorenzo, „wenn ich den Schein der Ungebühr auf mich geladen, und wollet mir ein Zeichen Eurer Vergebung angedeihen lassen, indem Ihr mir die Gnade gewährt, um die zu bitten ich gekommen bin."

„Sprecht es aus Euer Begehr, lieber Meister," rief der Doge, „wir sind Euch sehr verpflichtet, und da Euer Bild eine Zierde Venedigs bleiben wird, so lange San Marco die Republik beschützt, so fordert unverzagt. Was in der Macht des Dogen steht, soll Euch so weit als möglich gern bewilligt werden."

Lorenzo schwieg eine Weile, dann sagte er: „Vergönnt mir, das Bildniß Donna Julia's zu malen, gnädiger Herr und Fürst."

Der Doge blickte ihn prüfend an, eine dunkle Röthe flog über das Gesicht des Malers, aber der Doge that, als würde er sie nicht gewahr, sondern entgegnete ruhig: „Warum sollte Euch verweigert werden, das Bild der Tochter auf die Nachwelt zu bringen, da Ihr das Bild des Vaters der Zukunft aufbewahrt durch Eure Kunst? Geht getrost in Euer Haus, wenn das all' Euer Verlangen war. Donna Julia soll Euch Tag und Stunde bestimmen, in der sie Euch zu dem Bilde sitzen will, und Ihr mögt Euch das Zimmer des Palastes wählen, welches Euch zur Werkstatt am geeignetsten dünkt, um das Bild der Donna zu vollenden."

Lorenzo war glücklich über alle Maßen, glücklicher als hätte man ihm ein Reich und eine Krone verheißen. Er sollte Donna Julia wiedersehen, oftmals, stundenlang; er sollte ihr Bild fesseln dürfen auf die Leinwand, um es immerdar vor Augen zu haben — das war alles, was er jetzt begehrte.

Mit einem raschen Sprunge verließ er die Gondel, die ihn zu seiner Wohnung getragen, schnell eilte er die Treppe hinan zu seiner Werkstatt, und als hätte er noch nie ein Bild begonnen, so emsig prüfte er die Leinwand, Farben und Pinsel, so ängstlich strebte er das Beste zu finden, weil er das Höchste leisten wollte.

Die Tage bis zur ersten Sitzung vergingen ihm wie träumend. Wachend und schlafend war es nur ihr Bild, das ihn erfüllte, und hochklopfenden Herzens betrat er zu der festgesetzten Stunde das Gemach der schönen, stolzen Fürstentochter.

Wohl hatte sie des Malers Worte an jenem Tage vernommen, wohl hatte sie den Sinn derselben verstanden, doch ihr Stolz empörte sich dagegen, daß ein Maler, und wäre er selbst der hochberühmte Lorenzo, sich ihr in Liebe

zu nahen wagte. Schön und herrlich geschmückt, wie er
sie zuerst gesehen, trat sie ihm entgegen, aber ein Zug
kalten Hohnes lag auf ihrer Stirn, als sie sich in der
Haltung vor Lorenzo hinstellte, die er sich für sein Bild
erbeten hatte.

Lorenzo sah den Ausdruck ihrer Züge, sein Herz brannte
in grimmem Weh, sein Auge umflorte sich, seine sonst so
sichere Hand erbebte, und es war ihm, als müsse er nieder=
stürzen und Donna Julia anflehen, nicht mit diesem Blicke
auf ihn hinzusehen. Er wollte fortgehen, die Arbeit nicht
beginnen, aber welchen Grund sollte er dafür angeben?
Wie konnte er wissen, ob Julia geneigt sein würde, eine
neue Sitzung zu bewilligen, wenn er die erste zu benutzen
sich geweigert hatte? Es blieb ihm keine Wahl. Mit
schwerem Herzen ging er an die Arbeit.

Aber das Vorbild war zu schön, als daß die Seele
des Künstlers sich nicht davor hätte erheitern sollen. Seine
Augen schwelgten in dem Anblick dieser Formen, und mit
fliegender Eile gab die geschickte Hand die Züge wieder,
von denen des Meisters Seele erfüllt war.

Auch Julia's Antlitz erheiterte sich. Die Begeisterung,
welche von des Malers Stirn leuchtete, verfehlte ihre
Wirkung nicht auf sie. Der Mensch, indem er schaffend
auftritt, bekommt jenen Ausdruck allmächtiger Kraft, welche
für den Augenblick seine Umgebung bewältigt, und auch .

Donna Julia entging nicht diesem Einflusse. So lange
Lorenzo malte, sah sie verehrend zu ihm empor, sie fühlte
eine Macht in ihm, höher als Rang und Geburt, eine
Macht, die sie unterjochte, die sie zwang, sich zu demüthigen vor dem, welcher sie besaß.

Dann war Lorenzo glücklich. Das Bild wuchs täglich
schöner aus dem dunklen Hintergrunde hervor, täglich das
Original tiefer in des Malers Seele hinein, huldvoll,
gütig, weiblich milde, wie Julia sich zeigte während seiner
Arbeit. Hatte er aber den letzten Pinselstrich an jedem
Tage gethan, legte er die Palette weg, erhob er sich von
der Staffelei und machte die Aufregung der Arbeit der
Ermüdung Platz, dann ging sein Taggestirn ihm unter.
Eine plötzliche Umwandlung fand in den Zügen Donna
Julia's statt, der Ausdruck kalter Hoheit machte seine
frühere Herrschaft darin geltend, ihre Gestalt richtete sich
stolz empor, und mit vornehmer Herablassung verabschie-
dete sie den Maler, dem ihr Hochmuth die Wange bleichte
und das leuchtende Auge trübte.

So vergingen Wochen um Wochen. Zwischen Freude
und Schmerz, zwischen Hoffnung und Entmuthigung um-
hergeworfen, bald entschlossen, Julia seine Liebe zu gestehen, bald getrieben, die Arbeit nicht zu vollenden, um
den kalten Blicken der Jungfrau nicht wieder begegnen zu
müssen, litt Lorenzo Folterqualen. Hatte er sich am Abend

gesagt, daß er den Palast nie wieder betreten wolle, so
fand ihn der nächste Mittag auf dem Wege, der ihn da=
hin führte, und er sagte sich, seine Künstlerehre gebiete
ihm, das Bild zu vollenden, was auch sein Mannesherz
darunter leide.

Auch Donna Julia's Seele war nicht mehr so ruhig,
als in den ersten Tagen, in denen der Maler seine Ar=
beit begonnen hatte. Seine Schönheit, sein Genius und
endlich seine unverkennbare Liebe hatten einen tiefen Ein=
druck auf das Herz des Mädchens gemacht, dessen sie sich
bewußt war und dessen sie sich schämte. Sie vermied es,
an ihn zu denken, sie erschrak, wenn sie dennoch sein
Bild in ihrer Seele immer und immer wieder entdeckte,
sie weinte laut auf, wenn sie, aus einem Traume er=
wachend, gewahr ward, daß der Maler selbst in ihren
Träumen lebte. Der Stolz der Fürstentochter schmähte
die Liebe zu einem Niedriggebornen, zu einem Künstler,
als eine Unwürdigkeit, und je tiefer diese Liebe wurde,
um so mehr zwang sich Donna Julia den Maler gering=
schätzend zu behandeln, sei es um ihr Geheimniß nicht zu
verrathen, sei es um sich zu überzeugen, daß sie einen
Mann nicht lieben könne, den seine Stellung nöthigte,
solche Unbill ruhig von ihr hinzunehmen.

Indeß nicht seine Stellung war es, sondern seine Liebe,
die ihn schweigen ließ. Was er von keinem Könige der

Erde geduldet hätte, was der weltberühmte, gefeierte Künstler von Niemand zu ertragen brauchte, das litt er von der Geliebten, und so kalt und höhnisch sie ihm auch begegnete, in immer höherer Schönheit stieg ihr Bild aus dem Geiste des Künstlers hervor, bis es vollendet auf der Leinwand lebte.

Endlich hatte er sich genug gethan, endlich rief er mit dem Entzücken der Liebe, mit dem freudigen Stolze der Selbstbefriedigung: „Nun kommt, Madonna, und seht, wie schön Ihr seid!" Endlich hoffte er auf ein Lächeln der Freude, auf ein Wort des Dankes, das ihn trunken zu Julia's Füßen niedergezogen haben würde.

Aber stolz und streng, das Herz zusammengepreßt von Schmerz bei dem Gedanken, Lorenzo nicht mehr an jedem Tage zu sehen, einem Schmerze, den ihr Hochmuth sich wegzuleugnen strebte, trat sie vor das Bildniß hin.

„Ist das Eure hochgerühmte Kunst, edler Meister?" fragte sie. „Mußtet Ihr darum den Lorbeer ablehnen, den Ihr wohl verdient hattet für das Bild im Dogen= saale? Fürwahr mich dünkt, Ihr hättet ihn nehmen sollen, denn dies Bild wird ihn Euch nicht erwerben."

Lorenzo stand wie gelähmt, er hatte kein klares Be= wußtsein, er hätte aufschreien mögen, er hätte ihr in die= sem Augenblicke fluchen können für das Weh, das sie ihm that, aber seine Stimme versagte ihm den Dienst. Er

fühlte sich vernichtet in seiner Liebe, vernichtet in seinem
Künstlerbewußtsein durch den Hohn des Wesens, in dem
seine Leidenschaft die ganze Welt erblickte. Sein Gesicht
entfärbte sich zu Leichenblässe, seine Hände bebten krampf=
haft, und mit Schrecken ward Julia das Elend gewahr,
das sie angerichtet hatte.

Ein Gefühl des Mitleids regte sich in ihr, aber sie
kämpfte es nieder, als in diesem Augenblicke der Doge
in das Gemach trat, die beendete Arbeit in Augenschein
zu nehmen.

Betroffen von der hohen Vollendung des Bildes, mehr
noch betroffen von des Künstlers ganz verstörten Zügen,
von dem flammenden und aufgeregten Blicke seiner Tochter,
sah er bald diese, bald jenen prüfend an. Sein Scharf=
sinn hatte es leicht, das Geheimniß dieser beiden Herzen
zu errathen, das er von Anfang an geahnt. Er bedauerte
den Künstler, aber er tadelte seine Tochter nicht, denn
mochte lieber ein Künstler untergehen in Verzweiflung,
als das Haus des Dogen entehrt werden durch die Liebe
seiner Tochter zu einem Manne, der nicht ihres Gleichen war

Schweigend und fest drückte er die Hand Donna Ju=
lia's, als er an ihr vorübergehend, sich zum Maler wen=
dete, ihm in warmen Worten seine Bewunderung auch
für diese Arbeit auszudrücken. „Donna Julia darf stolz
darauf sein, werther Meister," sprach er, „einen Künstler

wie Euch zu solchem Werke begeistert zu haben, und so
noch von der späten Nachwelt um der Wohlgestalt willen
bewundert zu werden, mit der es Gott gefallen hat, sie
zur Freude der Menschen auszustatten."

Ein höhnisches Lachen des Malers unterbrach diese
wohlgemeinten Worte, und plötzlich fanden sein Schmerz
und sein Zorn den Ausdruck. „Die Nachwelt wird dies
Werk nicht sehen!" rief er bitter, und hatte den Arm mit
gewaltiger Kraft zu einem Schlage gegen die Leinwand
erhoben, als die Hand des Dogen ihn zurückhielt.

„Um aller Heiligen willen!" rief zu gleicher Zeit
Donna Julia, und was die abwehrende Hand des Vaters nicht vermocht hätte, das Meisterwerk vor der Zer-
störung zu schützen, das vermochten die Worte der Jungfrau, in denen ein Klang der Liebe zitterte.

Lorenzo glaubte zu träumen. Er blickte zu ihr hinüber, Freudenthränen, wie sie nur das Aufhören eines
furchtbaren Leidens erpreßt, drängten sich in seine Augen,
seine Hände falteten sich in anbetender Liebe. Da zog
wieder die Eiseskälte über Julia's Antlitz, und sich in der
Haltung des Bildes neben das Gemälde stellend, sagte
sie: „Es ist wahr, mein gnädiger Vater, daß Meister
Lorenzo die Formen meiner Gestalt zu fesseln wußte, und
ich danke ihm das, wenn es Euch Freude ist, aber gerade
von Meister Lorenzo mußte man mehr erwarten, wenn er

sein Höchstes leisten wollte, sein Bild mußte lebendig aus
dem Rahmen treten, und —"

„Und thut dies Bild das nicht?" fragte der Doge.
„Ist das nicht der Glanz Deines Auges? Ist das nicht
die Hoheit Deiner Stirn, nicht der Adel unseres reinen
Stammes?"

„Es ist ein Schatten dieser Stammeserbschaft in dem
Bilde, ein Schatten, nicht das volle Leben! Das Bild
ist schön, aber es ist todt, und doch hätte ich dem Meister
gern gedankt für ein Bild, das lebend hervorgetreten wäre
von der Leinwand, ein Ebenbild der Lebenden."

Damit verneigte sie sich gegen ihn und verließ das
Gemach. Selbst der Doge zürnte ihr. Er hielt die
Hand des Malers in der seinen, er versuchte die Worte
seiner Tochter als den Ausdruck einer jugendlichen Eitel=
keit hinzustellen, mit der man Nachsicht haben dürfe, er
sprach von Weiberlaunen, lobte das Bild mit aller der
Bewunderung, die er wirklich dafür hegte, und die es in
so reichem Maße verdiente, aber der Meister blieb still
und kalt, bis er endlich seine Hand aus der des Dogen
befreite und tief aufathmend bat: „Laßt mich jetzt gehen,
gnädiger Herr, denn was Ihr auch sagen und thun möget,
ärmer als ein Bettler gehe ich von dieser Stelle."

Schweigend stieg er die Treppen des Palastes hinab,
schweigend wanderte er über die Piazetta und den Markus=

platz durch die Pforte des Uhrthurmes in das Gewirr der
Straßen hinein, die sich hier dichtgedrängt an einander
schließen. Er vermied es aufzublicken, umher zu sehen —
er schämte sich vor den Menschen. Hatte er doch das
Härteste erfahren, was dem Manne begegnen kann; er
war verspottet worden in dem Glauben an sich und an
seinen Beruf, verspottet von den Lippen des Weibes, das
er liebte.

Wohin er ging, er wußte es nicht. Seine Wohnung
wollte er nicht mehr betreten, denn auch dort stand Julia's Bild. Er hatte es aus der Erinnerung für sich gemalt, wenn er von den Sitzungen aus dem Palaste heimkehrte. Er erbleichte bei dem Gedanken, noch einmal diese
Züge sehen zu sollen, ein heißer Stich fuhr durch sein
Herz — und „fort! fort!" rief er, ohne zu bedenken, daß
er sich in dichtem Menschengedränge befand, und daß man
seine Worte hören könne.

Auch hatte man sie vernommen, denn plötzlich richtete
sich neben ihm eine kleine weibliche Figur, so hoch sie
konnte, empor, und fragte: „Und wohin wollt Ihr gehen,
Meister Lorenzo?"

Der Meister schrak zusammen und blickte die Fragerin
an. Sie trug einen dunklen Mantel, dessen Kapuze sie
über das Haupt gezogen hatte, und ihr Gesicht war in
einer schwarzen Halbmaske verborgen, aber ihr runzel=

volles Kinn, das aus der Maske hervorsah, und die bebende Hand, mit der sie sich auf einen Palmenkrückstock stützte, verriethen ihr hohes Alter.

Ehe er es hindern konnte, hatte sie den Dolch, den er in seinem Gürtel trug, daraus hervorgezogen und in die Falten ihres Mantels verborgen. „Wo Zunder liegt, taugt das Feuer nicht,“ sprach sie, und da sie sah, daß Lorenzo sich ihrer wie einer Zudringlichen entledigen wollte, fügte sie hinzu: „So hat mich Donna Maria, Eure Mutter, nicht von sich gewiesen, als sie einst in meinem Hause Zuflucht fand mit ihrem Säugling.“

Lorenzo hielt inne und wollte fragen, aber die Alte war im Menschengedränge verschwunden, ohne daß er sie wiederfinden konnte, und nur ein Ring, den sie an ihrem Finger getragen haben mußte, war in seiner Hand zurückgeblieben, als er versucht hatte, sich von ihr los zu machen.

Das alles war das Werk weniger Sekunden gewesen, und Lorenzo mußte sich gestehen, daß die Alte wohl gethan habe, durch Entwendung der Waffe ihn vor dem Gedanken des Selbstmordes zu warnen, der dumpf und schwer in seiner Seele emporgestiegen war.

„Nein, nein,“ rief er aus, „dahin soll sie mich nicht treiben!“ Aber als er nun auf die Zukunft blickte, die vor ihm lag, als er daran dachte, daß er leben solle ohne

Julia's Liebe, daß er malen, schaffen solle ohne ihren Bei=
fall, ja ohne den alten Glauben an seine eigene Kraft,
da kam Verzweiflung über ihn, und er fühlte, daß er nicht
auf sich hören dürfe, wolle er am Leben bleiben.

Er wünschte einem Freunde zu begegnen, um sein
volles Herz vor ihm auszuschütten, und doch floh er ängst=
lich um die nächste Straßenecke, sobald er eines Bekannten
ansichtig wurde. Wie konnte er über seine Lippen bringen,
welcher Schimpf ihm angethan worden!

So kam er von Straße zu Straße, bis zu einer Stelle,
wo farbiger Lichtglanz schon von weitem sein Auge traf.
In einem kleinen, mit Bäumen bepflanzten Hofraume, der
zwischen zwei Häusern gelegen, sich gegen die Straße hin
öffnete und mit bunten Glaslampen phantastisch beleuchtet
war, saßen und lagen auf Polsterbänken Griechen, Arme=
nier und Perser bei einander, bald einzeln, bald in Grup=
pen; und ohne sich Rechenschaft zu geben, was ihn dahin
zöge, trat der Maler in das Kaffeehaus hinein, zu dem
der Platz gehörte, und setzte sich an einem der Tische
nieder.

Die Anwesenden sahen ihn flüchtig an, dann wendeten
sie die Augen mit der Gelassenheit des ruhenden Orien=
talen von ihm ab, zogen lange Rauchwolken aus den
schlanken Röhren ihrer Tschibuks, und ihre ganze Auf=
merksamkeit richtete sich wieder auf den Mährchenerzähler,

der ihnen die Mühe ersparte, die Phantasie mit eigenen Erfindungen und Gedanken zu beschäftigen.

Anfangs hatte Lorenzo wenig Acht auf die Worte des Erzählers, obschon sich derselbe der lingua franca bediente, welche damals jeder Mann an den Küsten und auf den Inseln des mittelländischen Meeres verstand, bis plötzlich der Name der weisen Astrea sein Ohr berührte und seine Theilnahme erregte.

„Die Mutter schien todt zu sein," sagte der Erzähler, „auch der kaum zweijährige Knabe athmete nur mühsam. Astrea aber jammerte der unglücklichen Schiffbrüchigen. Sie rief ihre Geister herbei, die webten aus dem weichen Grase des Ufers eine wärmende Matte, hoben Mutter und Kind hinein und trugen sie bis hoch hinauf zu der Höhe des Berges, wo einst der Tempel der Liebesgöttin geprangt hatte, an der Stelle, die jetzt das Haus Astrea's einnahm. Dort betteten die heilsamen Hände der weib= lichen Genien den neuen Hausgenossen auf wohlthuendem Lager, wärmten die erstarrten Glieder mit dem Hauche ihrer rosigen Geisterlippen, und als dann die Mutter er= wachte, als dann das Knäblein die Augen aufschlug, da war solche Freude unter den Genien, daß der Eine dem Kinde die Schale zum Trinken reichte, die sonst nur die weise Astrea selbst mit ihrem heiligen, prophetischen Munde be= rührte."

„Als Astrea das sah, erschrak sie sehr. „Es wird ein
mächtiger Geist in den Knaben fahren," sagte sie, „und
er wird geehrt und berühmt werden über die Maßen,
aber da er überirdische Kraft getrunken aus dieser Schale,
wird auch übermenschlich Wehe einst sein Theil sein."

„O rette ihn davor!" baten die Genien, die gar so
großes Gefallen an dem Knaben hegten.

„Astrea schüttelte das Haupt. „Jedes Glück hat sein
Leid, jede Gunst will erkauft, jeder Segen verdient, jeder
Friede errungen sein. Ich will über ihm wachen in der
Stunde seiner heißesten Angst, ich will ihn erretten, wie
ich Mutter und Kind errettet habe aus der Wogenbran-
dung, und da er den Vater verloren hat durch des Meeres grause Gewalt, so will ich der Schirmer seiner Jugend werden und ihn zu Glück und Ehre leiten durch den
nächtlichen Weg der Schmerzen. Bindet ihm das Andenken
an das linke Handgelenk, das meine Pflegekinder tragen."

„Damit banden die Genien eine kleine goldene Kette
um den Arm des Kindes, in deren Mitte ein Brillant
befestigt war, und als sie die Kette schlossen, leuchteten
die Augen des Knaben viel heller, lächelte sein Mund viel
lieblicher."

Kaum hatte der Erzähler diese Worte gesprochen, als
Lorenzo, der mit immer größerer Spannung dem Vor-
trage des Erzählers gelauscht hatte, von seinem Sitze

emporsprang, den Aermel seines Wammses zurückschlug
und vor den Augen der erstaunten Zunächstsitzenden eine
feine goldene mit einem Diamant geschlossene Kette an
seinem linken Handgelenk enthüllte.

„Wo ist Astrea?" fragte Lorenzo lebhaft, „wo ist sie?"
Aber während die Orientalen von ihren Polstern auf=
standen und sich herandrängten, den Talisman zu sehen,
war derselbe plötzlich verschwunden. Betroffen blickte Lo=
renzo den Erzähler an, noch betroffener schienen die Orien=
talen, die hier plötzlich die Wunderwelt, von der sie wie
von Gebilden phantastischer Träume gehört, in dem näch=
sten, wirklichen Leben vor ihren Augen auftauchen sahen.

Die Armenier und Griechen, die als gute Christen
Zauberkünste hinter diesen Wundern witterten und damit
nicht ihr Seelenheil verscherzen wollten, verließen ihre
Plätze und den Garten; die Muhamedaner aber blieben
und wollten es erst abwarten, ob ein Grund zum Fliehen
vorhanden sein würde. Sie verlangten das Ende der Er=
zählung zu hören, aber der Erzähler versicherte, es jetzt
nicht geben zu können und erbot sich, das Geld zurück zu
zahlen, das er von seinen Zuhörern bereits empfangen
hatte, während er sich ebenso standhaft weigerte, Lorenzo
Auskunft über den Aufenthalt Astrea's zu schaffen. Die
Muhamedaner wurden zornig, sie fuhren mit Schimpf=
worten auf den Erzähler und auf den Maler Lorenzo los,

12*

und da sich ein paar Sbirren, durch den Lärm heran=
gezogen, der Eingangsthüre näherten, verließ Lorenzo den
Ort, und wendete sich der Gegend zu, in der seine Woh=
nung gelegen war.

Die Erlebnisse der letzten Stunden hatten seinen Ge=
danken eine andere Richtung, seiner Seele neuen Muth
gegeben. Ehe er das Haus betrat, blickte er noch einmal
zum Himmel empor, da leuchtete der Venusstern ihm mit
ganz wunderbarer Klarheit entgegen, und zu gleicher Zeit
fiel ein Lichtstrahl wie von einem Wetterleuchten oder einer
Sternschnuppe auf den Ring der alten Frau, den er an
seine Hand gesteckt hatte. In dem blutrothen Rubin
prangte hell und deutlich eingeschnitten das Ebenbild des
Gestirns, und auch in seinem Armbande strahlte es wieder,
das nun mit einem Male wieder an seinem Handgelenke
zu sehen war. Erstaunt blieb er stehen, als abermals das
helle Gefunkel des Venussterns ihm auffiel, und er be=
schloß, der Richtung nachzugehen, in der das Sternbild
stand.

Was ihn dazu bewog, Astrea auf diesem Wege zu er=
warten, wußte er selbst sich nicht zu sagen, doch wuchs
der Glaube, daß er ihr begegnen, daß sie ihm helfen
werde, von Minute zu Minute in ihm, und er schritt
rüstig vorwärts, bis er in einem der engsten Gäßchen,
hart an dem Prachtbau der Rialtobrücke, plötzlich seinen

Weg durch einen Menschen versperrt fand, der auf dem
Boden unter dem Schutze eines Madonnenbildes, anschei=
nend tief eingeschlafen, fast die ganze Breite des Weges
einnahm. Auf des Malers Anruf, daß er Platz machen
möge, antwortete der Liegende nicht, er regte sich auch
nicht, da Lorenzo über ihn fortstieg, und diesem mußte
also der Gedanke kommen, daß es vielleicht kein Schla=
fender, sondern ein Todter sein möchte. Er wendete sich
zurück, beugte sich hernieder, da hörte er die ruhigen
Athemzüge des Mannes, und sah, daß er auf dem Gürtel
seines Wammses, wo Diener das Wappen ihres Gebie=
ters zu tragen pflegen, einen Stern gegraben hatte. Mit
rascher Hand schüttelte er den Schläfer wach. „Wo ist
Deine Herrin?" fragte er ihn.

„Wer gibt Euch ein Recht nach ihr zu fragen, Signor?"
entgegnete der Andere, während er aufstand und seine
langen Glieder streckte.

Lorenzo hielt ihm den Ring vor die Augen, der trotz
des spärlichen Lichtes, welches die Lampe von dem Ma=
donnenbilde niederwarf, doch hellstrahlend durch das Dunkel
schien.

Als der Diener das Zeichen gewahr wurde, verneigte
er sich ehrerbietig, kreuzte die Hände über der Brust als
ein Zeichen des Grußes, und wies den Fragenden, ohne

ein Wort zu sprechen, nach der Thüre, auf deren Schwelle
sein Haupt geruht hatte.

Lorenzo klopfte, die Thüre des kleinen, finstern, ganz
unansehnlichen Hauses öffnete sich von selbst, schloß sich
dann wieder, sobald Lorenzo die Schwelle überschritten
hatte, und zu seinem höchsten Erstaunen befand er sich
plötzlich in der Halle eines Palastes, gegen dessen feen-
hafte Schönheit die Herrlichkeit des Dogenpalastes plump
und düster erschien. Nirgends waren Mauern oder schwerfällige Marmorsäulen zu erblicken. Blumengewinde und
Reihen von mildleuchtenden Sternen bezeichneten die Li-
nien einer Architektur, deren Material so leicht wie Luft
und doch nicht durchsichtig war. Die Treppe war mit
Decken aus weißem Schwanengefieder belegt. Als er sie
bestiegen hatte, sah er oben in einer lichtstrahlenden Halle
eine Frau von der höchsten Schönheit vor einem großen
Himmelsglobus sitzen, dessen Sterne sie aufmerksam betrachtete, während ihre Hand leise Töne auf einer Orgel
anschlug, die Lorenzo's Seele mit solchem Frieden erfüllten,
daß er in süße Thränen ausbrechend zu den Füßen der
Herrlichen betend niedersank.

Eine Weile spielte sie ruhig fort, dann als die letzten
Töne sanft verklungen waren, erhob sie sich, breitete ihre
Hände über den Knieenden und segnete ihn mit dem
Spruche des Friedens: „Ehre sei Gott in der Höhe,

Friede auf Erden und dem Menschen ein Wohlgefallen!"
Darauf reichte sie ihm die Hand und hieß ihn willkommen
in ihrem Hause.

„Bist Du Astrea?" fragte Lorenzo.

„Ja, mein Sohn," entgegnete sie, „und ich werde
halten, was ich Deiner Mutter einst gelobte, wenn Du
mir vertraust."

„Und wer bist Du, wundervolles Wesen?" fragte er
weiter.

„Ist das Dein Vertrauen, ungläubig Menschenkind?"
entgegnete sie lächelnd, während sie ihm mit ihrer Hand
freundlich die Locken von der heißen Stirn strich. „Ge=
nügt Dir es nicht, daß ich bin, daß ich Macht habe Dir
zu helfen, daß ich Dich mit dem Friedenssegen Deines
Gottes begrüße? Was willst Du mehr? Und sagte ich
Dir, woher ich komme, sagte ich Dir, wohin ich gehe, und
kündete ich Dir mein ewig Leben, würde Deine Menschen=
seele es denn fassen?" Sie schaute ihn prüfend und mit=
leidig an. Dann nahm sie einen goldenen Stab und
deutete auf die goldene Himmelskugel hin, auf der die
Sterne durch funkelnde Brillanten und ihre Bahnen durch
köstliche Streifen von blauem Lapis Lazuli gebildet waren.
„Zähle die Sterne mit einem Blicke Deines Auges,"
sagte sie.

„Welcher Sterbliche vermöchte das?" rief Lorenzo.

„Nun denn, so sage mir, was ihre Sprache bedeutet,“ fuhr sie fort, während sie wieder die Orgel berührte und abermals die volle Seligkeit der Sphärenharmonie ihn umrauschte.

„Ich verstehe sie nicht, aber meine Seele geht auf vor ihrem Klange in ungeahnter Wonne.“

„Lehre also Dich bescheiden, vertrauen und genießen,“ entgegnete sie mit liebevoller Hoheit, und winkte dann dem Jüngling ihr zu folgen.

Durch eine Reihe prächtiger Gemächer schritten sie vorwärts, bis endlich Astrea eine verborgene Thüre öffnete und sie in eine große, verhältnißmäßig dunkle Wölbung traten. Nahe vor der Eingangsthüre blieb sie stehen, und faltete die Hände wie zum Gebet. Ein leichter, süßduftender Rauch quoll aus der Mitte des Bodens hervor, dann erschien eine klare, reine Flamme, ein Schwarm weißer Tauben kreiste in flatterndem Zuge über ihr, und gleich darauf verschwand das alles wieder, und das Bild Donna Julia’s, das Lorenzo für sich selbst gemalt hatte, stand an der Stelle der Opferflamme.

„Nimm dieses Messer und schneide das Bild von seinem Hintergrunde los,“ befahl sie dem Maler.

Der Jüngling zauberte. Es schmerzte den Künstler, sein Werk zu zerstören, und ein neuer Zweifel stieg in ihm empor, ob denn sein Thun nicht Unheil über die Geliebte

heraufbeſchwören könne. Mit flehendem Blicke ſchaute er
Aſtrea an, er hoffte, ſie werde abſtehen von ihrem Verlangen, aber ihr Geſicht blieb ruhig und unbewegt. Da
warf er ſich vor ihr nieder und ſprach: „Laß mich Deiner
Gnade verluſtig gehen für immerdar, mag Elend und
Verachtung mein Loos ſein durch mein ganzes Leben, ich
werde fortan es tragen wie ein Mann; Julia ein Leid zu
thun, das allein vermag ich nicht.“

„Segnen die böſen Geiſter, die dem Menſchen Schlin-
gen legen, ihn mit dem Gruße des Friedens?“ fragte
Aſtrea, und augenblicklich wendete Lorenzo ſich dem Bilde
zu und ſchnitt es aus dem Hintergrunde heraus. Als es
geſchehen war, als das Bild am Boden lag, ſchien es
ihm, als töne ein leiſer Laut der Klage von ſeinen Lippen,
als füllten Thränen die Augen des Bildes. Er konnte
den Anblick nicht ertragen und wendete ſich verhüllten
Antlitzes davon ab, als auf Aſtrea’s Wink leichtbeflügelte
Genien ſichtbar wurden. Sie hoben das Bild empor,
aus dem Boden loderte wieder das reine, duftende Feuer
auf, und die Genien ſenkten das Bild in die Flammen,
ſo daß es in wenig Augenblicken davon verzehrt wurde.
Die Aſche hoben ſie auf, ſonderten ſie vorſichtig, füllten
einige Körner, die Aſtrea ſelbſt gewählt hatte, in eine goldene Kapſel, und Aſtrea befeſtigte dieſe an den Hals ihres
Schützlings. Danach befahl ſie den Genien ſich zu ent-

fernen, führte Lorenzo in den Saal der Himmelskugel
zurück und sprach zu ihm: „Gehe morgen Mittag in den
Dogenpalast, wenn das Gestirn des Tages hell hinein-
leuchtet in das Zimmer, in dem das Bild Donna Julia's
steht, und schütte vorsichtig, was auch geschehen, oder wer
auch darin anwesend sein möge, die geläuterte Asche aus
der goldenen Kapsel über das Haupt und die Brust des
Gemäldes aus. Dann verlasse das Gemach, blicke nicht
zurück, wenn Dich auch die höchste Verlockung dazu nöthigen
wollte; im Uebrigen vertraue mir und lebe wohl."

Damit legte sie ihre Hand auf des Jünglings Haupt,
sprach noch einmal den Segen des Friedens über ihn aus,
und nachdem sie ihm ihre Hand gereicht, die er knieend
an seine Lippen drückte, deutete sie ihm an, sie zu verlassen. Ruhig und ermuthigt gehorchte er ihr, und wenig
Augenblicke später befand er sich auf der Straße.

Schnell und von neugierigem Bangen getrieben, eilte
er seiner Wohnung zu, aber dort angekommen, sah er mit
Ueberraschung, daß Donna Julia's Bild noch unversehrt
auf seiner alten Stelle stand. Nur die Farben schienen
ihm bleicher, und ein Ausdruck von Trauer über die Züge
gebreitet, den er nie in dem stolzen Angesicht der Geliebten
wahrgenommen hatte.

Die Nacht verging ihm in Träumen, bunt und uner-
faßbar, wie solche Erlebnisse sie erzeugen mußten. Am

Morgen erhob er sich früh und eilte zur Piazetta, um den
Augenblick nicht zu versäumen, in dem er sein Werk im
Dogenpalaste zu vollbringen hatte. Die Stunden schlichen
ihm langsam, wie einem Kranken, dahin. Die Erde schien
ihm still zu stehen, die Schatten nicht weichen zu wollen,
in denen die Fenster des Palastes lagen. Plötzlich traf
der erste Sonnenstrahl das große Bogenfenster des bezeich=
neten Saales, und mit klopfendem Herzen, zwischen Furcht
und Hoffnung getheilt, schritt der Maler die Treppe hin=
an, welche nie wieder zu betreten er noch am vorigen
Tage entschlossen gewesen war.

Die Dienerschaft, welche gewohnt war, ihn täglich in
dem Palaste zu sehen, ließ ihn ungehindert vorüber. Un=
gehindert erreichte er auch den großen Saal, wo das
Bild noch auf der Staffelei stand und stolz und befrem=
det den Eintretenden anzublicken schien.

Sein Herz klopfte hörbar; seine ganze Liebe, die ganze
Erinnerung an Donna Julia's Grausamkeit bestürmten
ihn auf dieser Stelle mit neuer Heftigkeit. Der Boden
brannte unter seinen Füßen, eine heiße Röthe zorniger
Scham flammte in seinem Antlitz empor, und mit fester
Hand schüttete er den Inhalt der Kapsel über das Haupt
und die Brust des Bildes aus. Dann wendete er sich
ab, das Zimmer zu verlassen.

Auf der Schwelle desselben trat ihm Donna Julia

entgegen. Ihr Gesicht war blässer, ihr Haupt nicht so hoch gehoben als sonst. Sie glich dem Bilde, wie es Lorenzo gesehen in der letzten Nacht. Kaum aber hatte sie ihn erblickt, als sie mit kaltem Triumphe ihm zurief: „Seid Ihr gekommen, Eure Arbeit zu verbessern, Meister Lorenzo?"

Sie hielt inne, als sie bemerkte, daß er ihre Anrede nicht beachtete, sondern ohne sie selbst nur eines Blickes zu würdigen, schnell an ihr vorüber schritt.

„Ihr könntet weilen, so lange ich mit Euch spreche, Signor," rief sie ihm nach, „ich würde Euch nicht lange Eurem Berufe entziehen." Dabei aber wurde ihr Antlitz todtenbleich, große Thränen trübten ihre Augen, und sie mit heftiger Bewegung zerdrückend, hob sie das Haupt hoch empor, wie zürnend gegen sich selber, und eilte in den Saal.

Kaum jedoch hatte sie die Thüre desselben geschlossen, als zu ihrem höchsten Entsetzen ihr Bild aus dem Rahmen heraus und mit jenem Ausdruck der Geringschätzung vor sie hintrat, mit dem sie eben wieder Lorenzo's liebend Herz gemartert.

Julia erstarrte. Sie wollte fliehen, das Entsetzen bannte sie an den Boden fest, und ehe sie es hindern konnte, hatte ihr Ebenbild Julia's Hand ergriffen, sie fest zu halten.

„Warum erschrickst Du, Julia?" fragte das Bild mit einem Tone des Spottes, in dem Julia schaudernd ihre eigene Stimme erkannte, „warum erschrickst Du vor dem Meisterwerk Lorenzo's? Du verlangtest, das Bild solle lebendig heraustreten aus dem Rahmen, Dein strahlender Doppelgänger. Du siehst, er hat Deinem Wunsche genügt, das Bild ist lebendig, und schöner, strahlender als Du selbst!"

Bei diesen Worten hielt die Gestalt der Donna einen Spiegel vor Augen, und mit Schrecken gewahrte Julia die Veränderung, welche mit ihr selber vorgegangen war. Alle Farbe, aller Glanz der Jugend hatten sie verlassen, sie sah todt und grau aus, wie ein ganz verblichenes Gemälde, sie konnte kaum noch in dem matten, schattenhaften Spiegelbilde ihre eigene Gestalt erkennen.

Vergebens versuchte sie sich von der Hand des lebenden Bildes zu befreien; vergebens warf sie sich im angstvollen Ringen vor ihrer Doppelgängerin nieder und beschwor sie, sie zu lassen; die schöne Hand hielt sie wie mit eiserner Gewalt, während Julia's Ohr die Worte vernahm: „So fest hast Du das Herz des Unglücklichen gehalten! so unerbittlich wie ich an Deiner Qual mich weide, hast Du Dich gesättigt an dem Leid des treusten Herzens!"

Julia lag in Thränen auf dem Boden. Sie war keines Wortes mehr mächtig. Nicht nur ihre Jugend

hatte das lebende Bild in sich gesogen, auch ihre Stimme
hatte es geraubt. Sie war nur noch ein Schatten, und
mit strenger Hoheit sagte das Bild: „Ein Schatten warst
Du nur von jenem Bilde, das die Liebe in Dir sah, —
so werde denn jetzt auch zum Schatten. Verschwinde und
erwirb Dir Befreiung von den bösen Geistern, denen Du
verfallen bist!"

Da war es Julia als löse ihr ganzes Wesen sich auf,
eine Art von Ohnmacht umfing sie, und der letzte Eindruck, dessen sie sich bewußt blieb, war der Eintritt des
Dogen, der ihre Doppelgängerin mit all der Zärtlichkeit
in seine Arme schloß, mit der er Julia an sein Herz zu
drücken pflegte.

Als sie wieder zu sich kam, gewahrte sie sich in einer
ihr völlig fremden Umgebung. Es war eine Künstler-
werkstatt voll fröhlichen Lebens, voll ernster Bemühung;
heiterer Fleiß sprach aus den Gesichtern der Jünglinge, die
vor ihren Stafeleien standen, und in ihrer Mitte arbeitete
ihr Lehrer und Meister, der kunstgeübte Lorenzo.

„Wie komme ich hierher?" rief Julia. Niemand antwortete auf ihre Frage. Sie wiederholte den Ruf. Es
blieb alles still. Sie trat an Lorenzo heran, sie legte die
Hand auf seine Schulter. Er sah sie nicht, er empfand
nicht die Berührung ihrer Hand, und mit Grauen erkannte
Julia, daß sie unsichtbar, unwahrnehmbar geworden für

die Sinne der Menschen, daß sie bestimmt war, einsam
unter ihnen umherzugehen, lebend, empfindend und doch
todt für alle, während ihr Schemen ihre Stelle einnahm
in der Reihe der Lebendigen.

Sie wollte fliehen, sie vermochte es nicht. Sie wollte
den Maler nicht anblicken, ihr Auge war an ihn gebannt.
Eine furchtbare Verzweiflung kam über sie. Das beleh=
rende, freundliche Wirken Lorenzo's zu betrachten, machte
ihr Schmerz. Die Ehrfurcht und Liebe, welche seine
Schüler ihm bewiesen, entflammte ihren Zorn. Sie
haßte ihn in diesem Augenblicke, weil sie ihn nicht lieben
wollte.

„Soll mein Dasein gebannt sein an das Leben eines
Tagelöhners? Und was ist der Maler, der um Sold
arbeitet, anders als ein Tagelöhner neben der freigebornen
Fürstentochter?" rief sie aus. „Soll des Dogen einzig
Kind das Weib eines Malers werden? Niemals! lieber
verschwinden von der Erde, lieber das Herz zerfleischen,
in dem sein Bild sich einzudrängen wagte!"

In ohnmächtigem Schmerze, in wirkungslosem Zorne
schwand der Tag für Julia dahin. Als der Abend an=
brach und die Schüler Lorenzo's sich entfernten, trat der
Meister traurig vor das Bildniß Julia's hin. Er be=
trachtete es schweigend lange Zeit, dann seufzte er, holte
einen Vorhang herbei, deckte ihn über das Portrait, wie

man den Deckel des Sarges über einen geliebten Todten
breitet, und verließ das Gemach.

Eine angstvolle Unruhe bemächtigte sich Julia's bei
dieser Scene. Was bedeutete Lorenzo's Schweigen, was
bedeutete das Verhüllen ihres Bildes? Warum wollte
er es nicht mehr anblicken? Wollte er ihrer vergessen?
Hatte er aufgehört sie zu lieben?

Sie mußte ihm nach, sie mußte wissen, was er thun
würde. Gespannt folgte sie ihm durch das Gedränge des
Markusplatzes, auf dem das fröhliche Maskengewühl des
Karnevals sich bewegte. Lorenzo hatte nicht daran ge=
dacht, eine Maske anzulegen, um so häufiger näherte man
sich ihm. Hohe, stolze Frauengestalten traten an ihn heran,
seine Aufmerksamkeit zu gewinnen. Hier und da ward
eine Maske behutsam gelüftet, man wollte erkannt sein,
man wollte den schönen Maler errathen lassen, wie süße
Huld, wie großes Glück für ihn zu hoffen sei. Er ant=
wortete hier mit einem Scherze ablehnend, dort mit einer
Galanterie, noch hatte keine der Frauen ihm eine lebhaf=
tere Theilnahme abgewonnen, und doch war in Julia's
Herz schon die Angst der Eifersucht entbrannt.

Da trat eine Frau an ihn heran, gegen die Sitte
Venedigs in weiße, leuchtende Gewänder gehüllt; höher,
schlanker, edler in der Erscheinung, als alle Frauen um
sie her. In staunender Bewunderung folgten ihr die

Männer, aber wer es auch wagte, sich ihr zu nahen, sie
wies ihn von sich. Lange schon hatte ihr Auge nach Lo=
renzo ausgeschaut, jetzt, da sie ihn erblickte, hielt sie ihm
ihre Hand entgegen. Ein Karfunkel prangte an ihrem
Finger — Julia gewahrte einen gleichen Ring an des
jungen Malers Hand, und ohne daß die Fremde sich ent=
larvte, erkannte der Maler die Erscheinung alsobald. Er
nannte ihren Namen nicht, er sprach nicht zu ihr, aber
sein Gesicht verrieth die Freude, sie wieder zu sehen. Er
mußte sie erwartet haben, er mußte sie lieben. Sie
winkte ihm, er folgte ihr, und durch das Gewühl der
Masken eilte sie mit ihm dem Ufer zu, wo eine Gondel
ihrer harrte.

Lorenzo und die Fremde bestiegen das Schiffchen, die
Thüre des Gondelhäuschens ward geschlossen. Der Diener
und die Zofe der Fremden stimmten einen lieblichen Wett=
gesang an, die Gondel glitt leise und schnell durch die
Wasser. Wilde Eifersucht im Herzen, saß Julia an dem
äußersten Ende der Gondel, das Auge wie mit Zauber=
gewalt an die Thüre geheftet, hinter der Lorenzo und die
Dame ihr entschwunden waren.

Es war fast Mitternacht als die Gondel ihre Fahrt
durch die Lagunen beendet hatte und wieder an der
Piazetta anlegte. Der Jüngling stieg an's Land, die hohe
Frau winkte ihm freundlich nach, ihr Auge glänzte mild

wie des Mondes Licht, das sich in den leise plätschernden
Wellen spiegelte. Dann stieß ihre Gondel vom Ufer ab,
und in demselben Augenblicke landete das Boot des Dogen
an der Treppe, Fanfaren und Trommelschall verkündeten
seine Ankunft, die Ehrenwache trat zusammen, das Gefolge
schritt voran, die Menge machte Platz, auch Lorenzo trat
zurück. Wie kalt erschien diese allgemeine Ehrfurcht der
unsichtbaren Julia.

Sie sah den Dogen die Treppe hinaufschreiten, seine
Tochter ging an seiner Seite. Lorenzo's Wangen färbten
sich, als Julia's Ebenbild in seine Nähe kam, seine Augen
hingen an der Scheingestalt, da flog das kalte, spöttische
Lachen über das Gesicht des Schemens, und tief davon
getroffen verließ der Jüngling den Platz. Ein leiser Schrei
des Schmerzes ertönte neben ihm. Er wendete den Kopf
nach der Seite hin, von der er erklungen war, es war
Niemand zu sehen. Traurig schlich er nach seiner Woh=
nung, und müde und erschöpft warf er sich auf das Lager
nieder.

Was half es ihm, daß Astrea ihm eben erst in güte=
vollen Worten die Erfüllung seiner Wünsche verheißen,
daß sie ihm geboten hatte, sich keinem Kummer hinzugeben
und glaubensvoll zu hoffen? Blieb doch Donna Julia un=
erweicht, hatte er doch eben wieder ihren kränkenden Hoch=
muth erfahren müssen.

Aſtrea hatte ihm volle Freiheit für ſein Handeln zu=
geſtanden, er beſchloß ſie zu nutzen. Er wollte Donna
Julia nicht wieder ſehen. Sein Genius rang darnach ſich
zu erhalten, und er fühlte, daß es ihm unmöglich ſein
würde, unter dieſen ewig neuen Schmerzen zu arbeiten
und zu ſchaffen. Er wollte Venedig verlaſſen, er wollte
Ruhe ſuchen, aber nicht Vergeſſenheit.

Von dieſem Entſchluſſe gekräftigt, ſchlummerte er ein,
aber Julia, die wahre Julia wachte an ſeinem Lager.
Wenn Lorenzo ſchlief, dann gewann die Unſichtbare ihre
Geſtalt und Stimme wieder. Leiſe beugte ſie ſich über
den Schlafenden, von ſeinem Ringe den Namen des Wei=
bes zu leſen, das er liebte. Aber vergebens! nur ein
Sternbild war ſichtbar darauf, und das nämliche Zeichen
dieſes Sternbildes war eingegraben auch auf dem Dia=
manten an des Schläfers Handgelenk. Julia weinte bit=
terlich. So feſt war er der Fremden zu eigen, ſo ganz
hatte er ſich ihr hingegeben, daß er ihr Zeichen am Leibe
trug, gleich einem Sklaven. Und doch hatte er Julia einſt
geliebt! Doch erbleichte er noch vor dem Hohne ihres
Ebenbildes!

Ihre Seele fand keinen Ausweg, keinen Troſt. Sie
ſchalt Lorenzo unbeſtändig. Sie klagte ſich des Hoch=
muths an. Sie zürnte ihm und wollte ihm doch ſagen,
daß ſie bei ihm ſei, ſie legte ihre Hand leiſe auf ſeine

13*

Stirn, ihn zu erwecken, aber wehe! — als er die Augen
öffnete, schwand sie wieder dahin zum unsichtbaren Schatten.
Sie war für ihn nicht mehr vorhanden.

Am frühen Morgen, als die Schüler sich versammelt
hatten, trat der Meister unter sie, zur Abreise gerüstet.
Sie sahen ihn verwundert an, sie fragten, ob er fortzu=
gehen denke?

„Ja! Ihr lieben Gesellen,“ sagte er, „für eine Weile
muß ich von Euch gehen. Es treibt mich einmal fort aus
der Werkstatt hinaus in die weite Welt. Arbeitet denn
ruhig fort und laßt mich ziehen mit freundlichem Gedenken
bis ich wiederkehre.“

So ungern die Schüler ihn entbehren mochten, so
wagte doch Niemand ihm zu widersprechen. Des Meisters
Kummer war den Schülern nicht entgangen, sie hofften
die Reise werde ihn zerstreuen, und so entließen sie ihn
mit guten Wünschen, mit Hoffnungen auf seine schnelle
Wiederkehr.

Noch zur selben Stunde durchschiffte er die Lagunen,
ließ sich am Festlande aussetzen, und wanderte wie in den
Tagen seiner Jugend durch das schöne Land, nur nicht
mehr einsam wie in jener Zeit, denn Julia's unsichtbares
Wesen war an seiner Seite.

Sie athmete erleichtert auf, als er Venedig verlassen
hatte. Nun konnte er dem Schemen doch nicht mehr be=

gegnen, nun konnte ihr Ebenbild ihn nicht mehr kränken, nicht Lügen strafen, was sie selbst empfand. Plötzlich aber entstand in ihr der Argwohn, daß Lorenzo vielleicht nur deshalb von Venedig scheide, um die schöne Fremde aufzusuchen, und jeder Schritt, den sie weiter wanderten, vermehrte ihre bangen Zweifel.

Indessen ein Tag entschwand nach dem andern und der Meister blieb allein. Heute rasteten sie in der Hütte des Landmannes, und er ward heiter und froh im Verkehr mit ihren einfachen Bewohnern, morgen empfing sie das Schloß eines fürstlichen Kunstfreundes, der in dem Maler einen hochgeehrten Gast begrüßte. Die schlichten Menschen fühlten sich ihm brüderlich verwandt, denn er war einfach und offenen, reinen Herzens wie sie selbst; die Großen der Erde, die Reichen und die Mächtigen, erkannten in ihm die Hoheit des Genies, die Gott nur seinen Auserwählten spendet, und alle Menschen trugen ihm Wohlwollen entgegen und Liebe. Nur Donna Julia hatte ihn verschmäht, sie, der er genaht war in der demüthigen Huldigung seiner tiefen, heiligen Liebe.

Täglich wuchs darüber der Schmerz in ihrer Brust, wenn sie des Künstlers reines, schönes Leben sich vor ihrem Auge entfalten sah, täglich stieg aus der Reue die Liebe klarer in ihr empor. Sie sah ihn heiterer werden, das freute und betrübte sie zugleich, denn er ward heiterer, obschon er sich in weiter Ferne von ihr glaubte.

So oft er eine Kirche betrat, so oft er vor einem Heiligenbilde in frommer Andacht weilte, betete sie für ihn, betete sie um Erlösung für sich selbst, um ihm ihr Leben weihen zu können in der Liebe, die sie für ihn hegte. Allnächtlich sprach sie zu ihm in seinen Träumen von ihrer Liebe, von ihrer Pein. Keinen Augenblick zu missen, in dem sie sich dem Geliebten offenbaren konnte, mied sie oft den Schlaf, so sehr sie ihn bedurfte, und immer und immer blieb sie nur ein Schatten, immer wie= der schwand sie dahin, wenn Lorenzo von ihrem Liebes= wort geweckt den Tag erblickte.

Sie ahnte es nicht, wie es allein die Hoffnung auf Erfüllung seiner nächtlichen Träume war, welche in ihm die Heiterkeit erzeugte, die Julia's Seele so beängstigte. Sie ahnte es nicht, daß er jetzt oftmals ihre Stimme auch am Tage neben sich vernahm, daß er ihr eigner und ergebener war als je zuvor.

So wanderten sie fort und fort, ohne daß er sie an seiner Seite wußte, ohne daß sie sich in seinem Herzen glaubte, und kamen eines Abends am Fuße des Appenin zu einem verfallenen einsamen Wirthshause, in dem der Wanderer zu rasten beschloß. Eine unbestimmte Furcht hatte Julia beängstigt, ein Todtenkreuz am Wege, wie es dem Ermordeten errichtet wird, ihre Bangigkeit erhöht, angstvoll wachte sie neben dem Geliebten. Kein Lüftchen regte sich in der Natur, kein Laut war zu hören in dem ganzen Hause. Da ward die Müdigkeit Herr auch über Julia, ihre Augenlider wurden schwer, sie fühlte ihren Kopf herabsinken auf die Brust und fuhr erschreckt empor, sich schnell ermannend zu neuer Wachsamkeit für den Geliebten. Behutsam ergriff sie seine Rechte, ihn bei dem Nahen einer Gefahr sogleich zu wecken, und sanft und zärtlich, als ahne er ihre Nähe, drückte der Liebende träumend des Mädchens Hand an seine Lippen.

Julia sank auf ihre Knieen: „Erlösung! Erlösung!" rief sie betend aus — da schimmerte plötzlich ein Lichtstrahl durch die Wand über dem Lager des Schlafenden. Julia trat erschreckt zurück. Das Licht wurde heller, die kleine Spalte in der Mauer klaffte auf, dehnte sich zum weiten Portale, und plötzlich erblickte Julia vor sich die Prachtgemächer des väterlichen Palastes.

In vollem Ornate saß der Doge auf dem Throne, Donna Julia an seiner Seite. Ein großer Zug von Edelleuten trat in die Halle ein. Ein Gesandter des mächtigen Herzogs von Burgund befand sich an ihrer Spitze. Auf goldgesticktem Kissen trug er eine Fürstenkrone und einen goldenen Ring mit edlem Gestein geziert. Feierlichen Schrittes nahte er dem Throne, in

wohlgeſetzter Rede warb er für ſeinen Herrn um Donna
Julia's ſchöne Hand.

Als er ſeinen Antrag beendet hatte, entgegnete ihm
der Doge: „Euer Antrag ehrt uns und Eure Bitte ſei
Euch gewährt, vieledler Herr Geſandter und hochgeborner
Graf! Nur einem Fürſten, einem königlichen Herrn, hatte
Donna Julia gelobt, die Hand der Dogentochter einſt zu
reichen, und ſo gehet hin und ſaget Eurem Herrn frohe
Botſchaft. Er komme, ſobald es ihm gefällt, ſich ſeine
Herzogin von unſerer Hand zu holen."

Da knieete der Geſandte nieder und reichte der fal=
ſchen Dogentochter den Trauring dar. Freudeſtrahlend
ſteckte ſie ihn an den Finger, mit dem Ausdruck ſtolzen
Triumphes drückte ſie die funkelnde Herzogskrone auf ihr
Haupt, jubelnde Muſik ertönte, und alle Anweſenden
riefen: „Heil! Heil! der edeln Herzogin des herrlichen
Burgund!"

Mit immer wachſender Beſtürzung hatte Julia dieſe
Scene verfolgt, und als ihr Ebenbild den Trauring an
den Finger ſteckte, als man der neuen Herzogin die Hul=
digung darbrachte, da konnte ſie es nicht länger mehr er=
tragen. „Rette mich! rette mich, Lorenzo!" rief ſie mit
flehender Angſt, „errette mich für Dich!" und ſank in
Thränen zuſammen.

Der Jüngling ſprang empor. Er hatte den Ruf ge=

hört, er hatte das Bild gesehen wie Julia, verwirrt, trost=
los blickte er umher. Alles war still und öde. Er fuhr
mit der Hand über die Stirn, es war ein Traum ge=
wesen, aber einer der Träume, welche düsteren Schatten
werfen über manchen goldenen Tag.

Er konnte den Schlaf nicht wieder finden. Die Schwüle
des Zimmers beängstigte ihn. Er sehnte sich in die Luft
hinaus, in das Freie. Er wollte gehen, wandern, um
sich diesen Traum aus dem Sinne zu schlagen, und doch
konnte er sich's nicht verbergen, daß, wenn kein Wunder
geschehe, Julia leichter die Gattin eines Kaisers als das
Weib des Malers werden würde, den ihr Stolz verach=
tete. Freilich hatte Astrea ihm verheißen, es solle ihm
Freude werden und Glück erblühen, aber sie hatte ihm
auch versprochen, er werde ohne sein Zuthun Kunde er=
halten von der Geliebten, und doch hatte ihm noch Nie=
mand, so lange er schon von der Heimath fern war, den
Namen Donna Julia's genannt, doch hatten nur seine
Träume ihm ihr Bild gezeigt. Indeß er konnte nicht
aufhören auf die Erfüllung seiner Wünsche zu hoffen,
denn er liebte Julia mehr als jemals, und Lieben heißt
Glauben und Glauben heißt Hoffen; sie alle drei sind
Eins!

Wo seine Hoffnung, wie sie sich verwirklichen werde,
er vermochte es nicht zu ahnen, und gläubigen Herzens

beſchloß er vorwärts zu wandern nach dem heiligen Rom, um in der St. Peterskirche, wohin ſich jedes Leiden Troſt erwartend wendet, auch um Troſt und Glück für ſich zu beten.

Noch am Abend konnte er Rom erreichen, wenn er ſich zeitig auf den Weg begab, und er beſchloß das zu thun. Er erhob ſich von ſeinem Lager, legte ein Geld= ſtück hin, Quartier und Zeche zu bezahlen, und ſchritt in die Nacht hinaus, ſeine Seele zu erfriſchen, ſein Ziel zu erreichen. Eine Stunde mochte vergangen ſein, da war ihm plötzlich, als flüſtere eine Stimme, die er ſonſt nur im Traume ſo lieblich vernommen hatte: „Hüte Dich, Lorenzo!"

Er wendete ſich um, es war Niemand zu ſehen. Das erſte bleiche Grau des Tages dämmerte durch die Nacht, ein ſcharfer Lufthauch zog kältend durch die Natur. Die Sterne, die ihm Anfangs mild geleuchtet, verloſchen am Firmamente, die Sonne aber ſtieg noch nicht empor, die Gipfel der Bäume rauſchten erſt leiſe, dann immer ſtärker, daß es faſt wie ein unheimlich Stöhnen erklang. Da kniſterte es zur Rechten im Gebüſch, und gleich darauf raſchelte es unter den Bäumen zur Linken. Lorenzo's Hand lockerte das Schwert in ſeiner Scheide. „Hüte Dich! hüte Dich!" tönte es noch banger warnend neben ihm, und noch ehe der zweite Warnungsruf verhallt war,

fühlte er sich von starken Fäusten gepackt, sah er die
Waffen der Räuber gegen sich gerichtet. Ein Dolchstoß
hatte seine Schulter gestreift, aber der Jüngling riß sich
mit Aufbietung aller seiner Kraft von den ihn umstricken=
den Armen der Räuber los. Im Nu war sein Schwert
gezogen, hellleuchtend zuckte es durch die Luft, der Kampf
begann — Julia ward machtlos seine Zeugin.

Lorenzo's hohe Gestalt schien noch gewachsen zu sein,
sein Auge flammte und die ersten Strahlen der Sonne
umleuchteten ihn, daß er herrlich da stand wie der käm=
pfende Achill. Seine Kraft, seine Besonnenheit, sein
Muth steigerten sich in der Gefahr. Angstvoll und doch
mit bewunderndem Entzücken schaute Julia auf ihn hin.
Schon hatte er einen der Räuber leblos niedergestreckt,
schon blutete der Andere aus klaffender Stirnwunde, als
dessen wohlgeführter Stoß des Malers Brust traf, und
die Waffe seiner Hand entfiel.

„Er ist verloren!" klagte es verzweifelnd in Julia's
Herzen. Da tönte Schellengeklingel und ferner Hufschlag
an ihr Ohr. „Hülfe! zur Hülfe!" rief sie mit solcher
Angst der leidenschaftlichen Liebe, daß zum erstenmal seit
ihrer Verzauberung der Ton ihrer Stimme den Menschen
vernehmbar ward. Das belebte ihren Muth. Immer
lauter, immer flehender erschallte ihr Ruf, ein Trost des
hingesunkenen Lorenzo, ein Entsetzen seiner Feinde. Wie

von einem Geiste verfolgt, flohen sie vor dem unsichtbaren Hülferufe in das Gebüsch, und „Julia! Julia!" seufzten des Jünglings bleiche Lippen, der zu sterben glaubte, als die Rettung nahte.

Eine Gesellschaft von Reisenden kam von den Höhen herab, den dunkelrothen Wagen eines Kardinals in ihrer Mitte, anderes Gefährt schloß sich ihm an, und ein Trupp Bewaffneter bildete die Spitze und den Schluß des ganzen Zuges. Als sie des Verwundeten gewahr wurden, hielten die Ersten an, und der Kardinal sendete seinen Diakonus zu fragen, was es gebe. Der hatte kaum den Maler erblickt, als er ihn erkannte, und sein Ausruf der Bestürzung und des Bedauerns zog den Kardinal herbei, der, ein Botschafter des Papstes, von Venedig heimkehrte zu des heiligen Vaters Thron.

„Santa Madonna! Meister Lorenzo!" sprach der Kardinal, „wie finde ich Euch in solcher Noth?" Und da der Verwundete nicht zu antworten vermochte, ließ der Kardinal ihn aufheben und in seinen eigenen Wagen tragen, um ihn behutsam und gefahrlos mit sich zu nehmen nach Rom.

Am Abend, als sie die heilige Stadt erreichten und in ihr des Kardinals Palast, ward in demselben ein Zimmer für den Maler hergerichtet, und der Kardinal und seine schöne Schwester, die Gräfin Vittoria, blieben selbst als

forgliche Pfleger an seinem Lager, die ganze Nacht hin=
durch, bis am Morgen die Aerzte Hoffnung gaben für
das Leben des verwundeten Mannes.

Julia's Pein war hart und schwer. Sie mußte es
ansehen, wie die Hände einer fremden schönen Frau dem
Maler die Liebesdienste leisteten, die zu gewähren ihr selbst
ein Glück gewesen sein würde, und sogar die Möglichkeit,
dem Kranken sichtbar zu werden in seinen Träumen, war
ihr jetzt genommen, da die Wächter und Pfleger, welche
der Kardinal für Lorenzo bestellt hatte, ihn keinen Augen=
blick verließen.

Die Krankheit währte lange und der arme Meister litt
der Schmerzen viel. Wie klagte sich Donna Julia an,
daß sie es gewesen, die ihn fortgetrieben aus der sicheren
Heimath, die ihn in dies Unglück gebracht. Wie blutete
in bitterer Reue ihr das Herz, wenn sie die Hingebung
und Verehrung sah, mit der die Gräfin Vittoria dem
Künstler begegnete, sich glücklich preisend, daß ihr der
Himmel gestatte, einem solchen Manne das Leben erhalten
zu helfen.

Von allen Seiten erkundigte man sich theilnehmend
nach dem berühmten Meister, der Papst selbst sendete um
Nachricht, als die Kunde von seinem Unfalle zum Vatikan
gedrungen war, und ließ zu den Häupten von Lorenzo's
Lager Bilder des heiligen Nothhelfers Johannes und der

gnadenreichen Schmerzensmutter hängen, die er selbst ge=
weiht mit eigner Hand zum Trost des edlen Kranken.
Tag und Nacht rang Julia im Gebete vor diesen Bil=
dern um Erlösung von ihrem Zauberbanne, und immer
heißer wurde ihr Wunsch, sie zu erlangen, und ihre Liebe
wurde immer größer und immer größer ihre Pein, denn
als Lorenzo's schwerste Krankheitstage vorüber waren, als
man ihn heraustragen konnte aus dem Krankenzimmer, da
war es Vittoria, die ihn führte und leitete, die ihn auch
jetzt fast niemals mehr verließ. Immer Neues wußte sie
zu ersinnen, ihn zu unterhalten, sich ihm angenehm zu
machen. Sie spielte auf der Harfe, wenn sie trübe
Schatten auf seiner Stirn gelagert sah, sie sang ihm süße
Lieder mit ihrer schönen Stimme, sie las ihm aus den
Dichtern des Landes vor, bis die Geister des Trübsinns
wichen von der Stirn des Kranken, und mit der Heiter=
keit ihm die Gesundheit wiederkehrte.

Eines Abends, als er schon festen Schrittes in dem
Garten umherwanderte, der vom Quirinale hinab die
Stadt überschaute, hörte er Gräfin Vittoria's Stimme
aus einem der Bosquets erschallen und folgte ihrem
Klange. Die Gräfin, in rosenfarbenen Gewändern, einen
silberdurchwebten Schleier auf dem rabenschwarzen Gelock,
die Zither in den weißen Armen blickte ihm so liebevoll
entgegen, daß sein Herz davor erglühte und erschrak.

„Wie soll ich es verlernen, Madonna," sagte er, „durch Eurer Lieder süßen Klang mein Herz zu laben?"

„Und warum müßte das sein, mein edler Freund?" fragte die Gräfin. „Ehrt Rom den Künstler nicht höher noch als selbst Venedig? Seid Ihr nicht hoch willkommen hier in diesem Hause, so lange es Euch gefällt bei uns zu weilen? Und glaubt Ihr, daß man nicht versuchen wird Euch festzuhalten in dem schönen Rom?"

Sie lächelte dabei mit so holdseliger Schelmerei, sie blickte ihm mit so zärtlicher Wärme in das Auge, daß ein Widerstrahl derselben des Jünglings Wangen färbte, und als fürchte sie zu viel gesagt zu haben, fügte Vittoria hinzu: „Hat doch die alte Roma Euch große Ehre zu-gedacht!"

„Und welche Ehre wäre das, Madonna?" fragte er.

Da rief sie durch ein Zeichen ihre Dienerin herbei, sprach leise einige Worte mit dem Mädchen, das sich ent-fernte und bald darauf mit einem Kästchen aus Elfenbein zurückkehrte, das so kunstvoll mit Gold und Malereien verziert war, daß man vermuthen mußte, solch edles Ge-häuse verberge auch ein kostbar Gut.

Vittoria hielt es scherzend erst eine Weile in die Höhe, damit der Meister den Inhalt errathe, dann als ihm dies nicht gelingen wollte, zog sie ein wohlgefaltetes Papier daraus hervor, drückte dasselbe ehrfurchtsvoll an ihre

Lippen, schlug es von einander und las wie folgt: „Da Ihr, verehrte Gräfin und fromme Tochter in Christo, Euch das Verdienst erworben habt, durch Eure Pflege und Sorgfalt dem Vaterlande und der Kunst das Leben des vieledlen Meisters Lorenzo von Benedig zu erhalten, so sei es Euch vergönnt als Euer Lohn, dem Gastfreund und Schützling Eures edlen Hauses die Botschaft zu ver- künden, daß ihm der Papst und Rom die seltene Ehre zudenken, gekrönt zu werden auf dem Kapitole."

„Madonna!" rief der Maler erglühend in Freude, und warf sich zu Vittoria's Füßen, „diese Gunst gilt mir höher als das Leben, und Ihr seid es, der ich nicht nur mein Leben, der ich auch dieses Glück verdanke."

Vittoria war bewegt. Ihre Augen füllten sich mit Thränen. Sie reichte das eigenhändige Schreiben des Papstes, der ihr Onkel war, dem Maler hin und sagte: „Er wußte wohl, der heilige Vater, daß er mir Köst- licheres nicht zu geben vermochte von allen Schätzen der Erde, die ihm unterthänig ist, als was Euch Glück be- reiten konnte, theurer Meister!"

Da kniete dieser voll von Dank und Freude vor ihr nieder. Sie reichte ihm ihre Hand, die er mit seinen Küssen bedeckte, und leise sank das Haupt der Gräfin auf des Malers Schulter.

Ein schriller Wehеschrei tönte dicht neben ihnen durch

die Luft. Beide sprangen empor. „Julia!" rief der Maler, und starr und lautlos blickte ihn die Gräfin an.

„Wen habt Ihr gerufen, Lorenzo?" fragte sie endlich.

Der Jüngling schwieg einen Augenblick, dann faßte er sich wieder, und bat Vittoria nur um ein kurz Gehör. Schwankend zwischen Schreck und Hoffnung, zwischen Zorn und Liebe, setzte sie sich an seine Seite nieder und er sprach also: „Ich danke Euch mein Leben, Madonna! ich hoffe Euch mehr zu danken, denn Eure Botschaft verkündet mir die Aussicht auf mein höchstes Glück. Wisset denn auch, daß mein Herz in Liebe entbrannt ist für eine Jungfrau meiner Vaterstadt —"

Vittoria ließ ihn nicht enden. Bleich vor wildem Schmerz rief sie: „Ihren Namen, ihren Namen, Lorenzo!"

„Julia, des Dogen von Venedigs Tochter."

Da zuckte es wie Mitleid auf in dem Antlitz der Gräfin und dann auch wieder wie schadenfroher Hohn, und scharf und deutlich jede Silbe betonend, sagte sie: „So wißt Ihr es nicht, daß Donna Julia verlobt ist mit dem Herzog von Burgund, und daß schon morgen ihr Hochzeitstag gefeiert werden soll? Es ist ein Botschafter des heiligen Vaters hingegangen, der neuen Herzogin den Segen zu ertheilen!" Damit verließ sie den Maler, der regungslos zurückblieb, keines Wortes mächtig, die bleiche Stirn an ein Marmorbild gelehnt.

So fanden ihn die Boten, die ihn für morgen zu der
Krönung laden sollten. Er hörte ihre Worte theilnahm=
los. Was galten ihm Ehre und Ruhm, wenn sie ihm
nicht mehr Julia gewinnen konnten? Was hatte er er=
strebt, erhofft, als Julia allein?

Der Tag verging ihm in düsterem Brüten. Als die
Sterne auftauchten, rief er Astrea an, die ihm gelobt
hatte, ihm zu erscheinen, wenn er ihrer in höchster Noth
bedürfen sollte, aber sein Ruf verhallte ungehört. Sein
Herz schlug angstvoll, sein Kopf brannte fieberisch heiß.
In derselben Stunde, in der ihm morgen die höchste Ehre
zu Theil werden sollte, sollte auch das Glück seines Le=
bens ihm entrissen werden für immer, immerdar. Seine
Seele konnte diesen Zwiespalt nicht in sich erfassen. Er
wollte fort, fort nach Venedig noch in derselben Nacht,
aber was hatte er dort zu suchen, was zu finden, wenn
Julia es verlassen hatte?

In der marternden Unruhe seines Leidens kam kein
Schlaf sich auf seine Augen zu senken. Nachtüber wan=
delte er in den offenen Hallen, in den Gärten des Palastes
umher, bis ihn bei Tagesanbruch die Müdigkeit überwäl=
tigte, und er auf einer der Bänke niedergesunken die Augen
zum Schlummer schloß.

Da schwebte Julia leise zu ihm heran: „Hoffe, glaube,
vertraue!“ rief sie und drückte zum ersten Male einen

Kuß auf seine Lippen. Wonnetrunken breitete er ihr die Arme entgegen, schlug er die Augen auf — Vittoria stand vor seinen Blicken.

Mit dunklem Erröthen sah sie sein Erschrecken. Dennoch ergriff sie seine Hand und sprach: „Lorenzo, es ist nicht meine Schuld, daß Donna Julia Euch entrissen wird, nicht meine Schuld, daß sie Euch nicht liebte. Ich bin die letzte Erbin meines Namens. Der Papst, der Euch aus freiem Antrieb die Ehre der Krönung zuerkannte, wird dem ruhmgekrönten Meister das Lehen meines gräflichen Hauses nicht versagen — und ich liebe Euch, Lorenzo!"

Der Meister wendete sich von ihr und verbarg schmerzvoll sein Gesicht in seinen Händen. „Habt Erbarmen, Vittoria!" flehte er, „zwingt mich nicht, Euch zu kränken, die ich so tief verehre!"

„Und Du liebst mich nicht, Du wirst mich niemals lieben?" rief sie im aufflammenden Zorne.

Der Maler antwortete nicht.

Da richtete sich Vittoria hoch empor: „Wehe Dir und mir! Fluch über das Leben, das ich Dir erhalten zu meiner Schmach!" rief sie und verließ den Garten.

Ohne Freude flossen für den Meister die Stunden bis zur Krönung dahin. Die Pracht des Kapitols, die hohe Feier des Triumphes, die jedes andere Herz in stolzem

14*

Schlage gehoben hätten!, vermochten kaum ihm eine freu=
dige Wallung zu erregen. Er sah nicht die ihn umge=
bende Menge, er sah nicht den Papst im Kreise seiner
Karbinäle, er hörte nicht die Rede, die man an ihn rich=
tete. Nur Julia sah er sich schmücken zur Hochzeitsfeier
mit dem Herzog von Burgund, und dann wieder fiel sein
Blick auf die bleiche Vittoria, die mit ihrer Krone von
weißen Perlen und ihren weißen Gewändern, ihn festen,
glanzlosen Blickes anstarrte, wie der Engel des nahen
Todes. Er trauerte um Julia, er trauerte um Vittoria
und um sich selbst.

Den Lorbeerkranz in seinen vollen Locken, ernst und
bleich, einem Opfer mehr ähnlich als einem Triumphiren=
den, trat er auf die hohe Treppe, welche hinabführt von
dem Kapitole. Des Volkes lauter Freudenzuruf begrüßte
ihn. Sein Name tönte jubelnd von allen Lippen. Ge=
dichte zu seinem Preise wurden unter das Volk vertheilt.
Das stolze Rom, die Hauptstadt der Welt, huldigte dem
Genie des Künstlers. Der Meister ward einem Kaiser
gleich geehrt.

Man drängte sich an ihn, als er die Treppe hinab=
stieg, ihn in seine Wohnung zu geleiten, es gelang den
päpstlichen Wachen kaum die Menge von dem Gekrönten
abzuwehren, und immer wieder drängten sich andere her=
an, die ihn sehen, die ihn sprechen wollten. Des Meisters

Stimmung erheiterte sich in diesem Wechselverkehre mit den Menschen, und eben schüttelte er ein paar Römern, die sich als Kunstgenossen zu erkennen gaben, freundlich die Hände, als ein Dolchstoß gegen seine Brust gezückt wurde.

Ein Wehegeschrei ertönte durch die Luft, leise verhallend wie Todesgestöhn, Blutstropfen benetzten des Meisters Gewänder, man glaubte ihn verwundet, man umringte ihn, man suchte den Mörder festzuhalten, eine allgemeine Verwirrung entstand, Lorenzo war genöthigt in das Kapitol zurückzukehren, und während man ihm Glück wünschte, der Gefahr entronnen zu sein, sank die Gräfin Vittoria zusammen vor dem Blicke, der sie aus seinen Augen traf, denn er hatte den Mann erkannt, der den Stoß geführt.

Die Rettung des Malers, der Todesschrei und die Blutstropfen, welche geflossen, ohne daß Lorenzo verletzt worden, erregten das höchste Aufsehen. Man sah ein Wunder darin, eine Gnade Gottes, und fromme Gemüther riethen ihm, da er die höchste irdische Ehre genossen habe, der Welt zu entsagen und sich der Kirche zu weihen, da ihn der Himmel offenbar zu großen Ehren ausersehen haben müsse.

Der Meister aber hatte nur einen Gedanken, nur ein Ziel — Venedig. Eine Sehnsucht, die er sich nicht zu erklären vermochte, da Julia bei seiner Rückkehr Venedig

verlaſſen haben mußte, zog ihn dorthin zurück. Es war
ihm, als ſei er dort nöthig, das Leben Julia's zu erhalten,
und Tag und Nacht, in ununterbrochener Reiſe, eilte er
dem Norden zu.

Je näher er Venedig kam, um ſo größer wurden ſeine
Spannung und ſeine Unruhe. Noch eine halbe Tagereiſe
mochte er davon entfernt ſein, als er einem Boten der
Republik begegnete, der anſcheinend eben ſo große Eile
hatte ſüdwärts zu kommen, als der Meiſter nach dem
Norden. Während ſie ihre Roſſe tränkten, fragte er den
Boten: „Und was habt Ihr Neues mitgebracht aus un=
ſerer Stadt?"

„Nun was Ihr wiſſen werdet, Signor, was alle Welt
jetzt weiß, das große Wunder."

„Nichts weiß ich," entgegnete Lorenzo, „denn ich komme
geraden Wegs von Rom herauf."

„Und dahin gehe ich um Raths zu erholen von des
heiligen Vaters Stuhl, weil Niemand das Wunder zu er=
klären weiß. Hört zu, was ſich in unſerem Venedig be=
geben hat mit unſeres Dogen Tochter. Es war der
Hochzeitstag der edlen Donna Julia. Koſtbar geſchmückt
kniete ſie vor dem Altare in San Marco, ihr zur Seite
der Geſandte des Herzogs von Burgund, der bei der
Trauung ſeinen Herrn zu vertreten hatte. Der Doge,
der Nuntius ſtanden hinter ihr, ein Kreis von Edlen

umringte sie, Niemand konnte ihr nahen ungesehen, sie
war schön und blühend vor den Augen aller Anwesenden,
plötzlich stieß sie einen furchtbaren Weheruf aus, wie zum
Tode getroffen, eine tiefe Wunde klaffte in ihrer Seite
auf, ihre bräutlichen Gewänder waren im Augenblick mit
Blut überströmt, und bleich und leblos sank sie zu den
Füßen ihres Vaters nieder."

In immer steigender Bewegung hatte Lorenzo den
Worten gelauscht. „Und sie ist todt?" fragte er endlich
fast tonlos, als der Erzähler geendet hatte.

„Todt eben nicht, aber sie liegt wie eine Leiche bewe-
gungslos da, und keine Kunst der Aerzte hat bisher vermocht, sie wieder zu erwecken."

Noch während der Worte des Redenden saß Lorenzo
schon wieder zu Pferde, und drückte seinem Rosse auf's
neue die Sporen ein, es vorwärts treibend, so schnell es
ihn nur tragen konnte. Wie Schatten flogen die Gegenden an ihm vorüber, es war noch hell am Tage, als er
in Mestre sich in eine Gondel warf und reichen Lohn den
Gondolieren bot, wenn sie ihre Ruderschläge verdoppeln
wollten. Schon neigte sich die Sonne ihrem Untergange
zu, schon färbte sich der Himmel mit röthlichem Glanze,
als er aufgerichtet im Boote stand, die Zinne des Palastes
einen Augenblick früher zu erschauen, der sein Liebstes,
seine Welt umschloß.

Erstaunt sah die Dienerschaft des Dogen beim Be=
ginne der Nacht den Maler, den man in weiter Ferne
glaubte, bestäubt vom weiten Ritte, in der Tracht des
Reisenden, durch die Gemächer des Palastes eilen, als
würde er erwartet. Niemand wagte ihn aufzuhalten, so
gebieterisch, so berechtigt sah er aus. An der Thüre von
Donna Julia's Gemach hielt er still. Wie betend hob
er zwischen Angst und Hoffnung schwankend die Hände
zum Sternenhimmel empor; noch ein Schritt, ein Druck
der Hand, die Thüre öffnete sich, nnd mit Verwunderung
wurden Julia's Frauen, wurde ihr Beichtiger und wurde
der Doge, die an Julia's Lager weilten, des Malers an=
sichtig.

Kaum aber hatte sich dieser ihr genähert, als Donna
Julia's Augen sich allmälig öffneten, als sie sich langsam,
langsam erhob, und dastand in ihren weißen herabwallenden
Gewändern, wie ein Wesen, das zurückkehrt aus den Ge=
filden einer andern Welt. Da litt es den Meister nicht
länger in seiner bittern Pein. „Julia! Julia! fliehe nicht
von mir!" rief er mit liebevoller Klage, während heiße
Thränen seine Augen füllten.

Und als hätte ein Wort Gottes sie getroffen, so durch=
zuckte sie der Laut. Sie drückte ihre Hände gegen ihr
Herz, und mit dem Rufe: „Mein Erlöser und mein Herr!"
sank sie zu seinen Füßen nieder.

Lorenzo hob sie an seine Brust. Sprachlos staunten der Doge, die Frauen und der Beichtiger den räthselhaften Vorgang an, als leises Klingen sich vernehmen ließ, das sich zu immer vollern Tönen gestaltete und endlich in Akkorde überging, wie keines Menschen Kunst sie je hervorgebracht.

Und die Wände des Gemachs wichen zurück, daß man Astrea gewahr wurde in ihrer sternenfunkelnden Herrlichkeit und Schöne. Langsam schwebend kam sie aus den Wolken hernieder und weilte vor den Liebenden.

„Liebe ist Wiedergeburt, Liebe ist Erlösung vom Tode! Liebe ist Leben und Heiligkeit!" sangen die beiden Genien zu ihrer Rechten und zu ihrer Linken, und der Chor der Uebrigen jubelte: „Ehre sei Gott in der Höhe! Frieden auf Erden und dem Menschen ein Wohlgefallen!"

Da sanken Julia und Lorenzo auf die Kniee vor der himmlischen Erscheinung, und die andern knieten und beteten wie sie. Und Astrea neigte sich herab und steckte den Rubinring mit dem Sternenbilde, den der Meister getragen bis zu dieser Stunde, an die Hand der neubelebten Julia, und segnete sie mit dem Spruche des Friedens und mit dem Zeichen des Kreuzes, dann erklangen in rauschenden Harmonien die Jubeltöne der Sphärenmusik, und in einem Strome unirdischen Lichtes entschwand die himmlische Erscheinung den Augen der Anwesenden.

Der Doge aber, als er sein Gebet beendet hatte, richtete sich auf und sprach: „Nicht mein Wille geschehe, sondern der Wille dessen, der sich uns kund gethan durch solche Wunder!" Und er nahm Donna Julia's Hand und legte sie in die Hand Lorenzo's, und befahl dem Beichtvater den Trausegen zu sprechen über die Liebenden.

So ward Donna Julia, des Dogen stolze Tochter, die Erwählte des Herzogs von Burgund, des Malers Lorenzo Weib. Der Papst selbst, als er die Kunde des Wunders erhalten hatte, übernahm es den Herzog von Burgund zufrieden zu stellen, und ernannte Lorenzo zum Grafen von Astreo. Vittoria aber ward der Rath gegeben, sich zurückzuziehen in die Stille eines Klosters. Dort lebte sie und starb, während die Nachkommen Lorenzo's und Julia's noch heute unter den Geschlechtern des italienischen Adels blühen.

Unter einem strahlenwerfenden Sternbilde führen sie Pinsel und Palette im Wappen, und die Meisterwerke des Stammvaters sind noch heute der kostbare Besitz seiner kunstliebenden Nachkommenschaft.

Der Domherr.

(1847.)

Wenn in der Welt= und Menschheitsgeschichte eine Um=
wälzung des Bestehenden beginnt, pflegt man den Einzelnen,
der die Nothwendigkeit derselben zuerst ausspricht, als den
Schöpfer der neuen Epoche zu betrachten, während er nur
das Geschöpf der Zeit und des Entwickelungsgrades ist,
die im allgemeinen Menschheitsbewußtsein die Aenderung
als unerläßliches Bedürfniß fühlbar machen. Keine Re=
volution, keine Reform entsprang jemals urplötzlich aus der
Seele eines Einzelnen. Das Große, das Bedeutende
wächst nur langsam, genährt von den Hindernissen, welche
sich ihm entgegenstellen. Hat das Unrecht und mit ihm
das Bedürfniß der Aenderung seinen höchsten Grad er=
reicht, so findet sich immer der Held, der im tiefsten
inneren Zusammenhange mit seiner Zeit, jenes Lösungs=
wort ausspricht, das gar Viele ahnen, während Man=
gel an Entschlossenheit oder hemmende Verhältnisse sie
hindern, es klar zu erkennen und das Wort zu sprechen
und die That zu thun, welche Befreiung bringen könnte.

Zum Beweise dieser Behauptung will ich hier eine Reihe von Vorgängen, ein Ereigniß schildern, das sich vor Jahren, als eben die Bewegungen begannen, welche die Bildung der deutsch=katholischen und der freien Gemeinden zur Folge hatten, in meiner nächsten Umgebung zutrug.

Den Ort der Handlung gebe ich nicht an, auch die Namen der dabei betheiligten Personen sind theils nicht genannt, theils verändert, da alle noch leben, und nur unter dieser Bedingung die Mittheilung der Vorgänge möglich ist, die ich eben deshalb auch nur in aphoristischen Umrissen wiederzugeben vermag.

Es ist somit keine eigentliche Novelle, sondern eine Zusammenstellung von Thatsachen, welche dem Leser hier geboten werden. Wo ihm eine Lücke zu sein scheint, mag er selbst sich ergänzen, was ich verschweigen muß.

———

In einer der größten Städte Deutschlands herrschte noch vor wenig Jahren ein Kastengeist, der dem Fremden ungemein auffallend erscheinen mußte. Die verschiedenen Stände, die verschiedenen Confessionen waren scharf getrennt, und die Prediger der zu gleichen Theilen aus Katholiken und Protestanten bestehenden Bevölkerung suchten in eigenem Interesse diesen Parteistreit zu unterhalten.

Der Ort, obgleich durch Handel bedeutend und der Sitz vieler Landeskollegien, behielt dadurch eine kleinstädtische Beschränktheit. Die verschiedenen Stände und Parteien sahen sich wenig in der Nähe, beobachteten aber einander aus der Ferne um so strenger; Neugier und Splitter= richterei trieben ihr Wesen auf das Höchste, und was der Sektengeist begann, das vollendete das Kastenwesen.

Dort lebte der Kommerzienrath W. als eins der bürger= lichen Häupter der strengkatholischen Partei, zu welcher fast die ganze sogenannte vornehme Welt gehörte. Man hielt innerhalb derselben damals eifriger an dem äußeren Ritus der katholischen Kirche, als an ihren Moralgesetzen. Der Ton der Gesellschaft war leicht, die Sitten im Allgemeinen noch leichter, aber man sah es als Gewissenssache an, kirchlich zu sein, und als Ehrensache, keine Protestanten in der Familie zu haben.

Der Kommerzienrath hatte denn auch in seiner Jugend eine schöne ablige Oesterreicherin aus einer ganz katholischen Familie geheirathet, und in der Ehe dieser beiden Gatten thronten Kaufmanns= und Adelsstolz als Hausgötter, mit dem ganzen Gefolge ihrer unausbleiblicher Vorurtheile und Beschränktheiten.

Zwei Töchter waren dem Kommerzienrathe geboren. Zu der Zeit, in welcher unsere Erzählung beginnt, war die Aelteste schon seit Jahren ganz nach den Wünschen der Eltern mit dem kommandirenden General verheirathet; Johanne, die zweite Tochter, aber war noch im Vaterhause und galt, obgleich kaum zweiundzwanzigjährig, für einen weiblichen Sonderling, für einen Freigeist, für kalt, herzlos oder kokett, je nachdem die Leute, welche über sie sprachen, eine dieser Eigenschaften für die schlimmste hielten. Zweierlei stand indeß fest, daß sie schön sei und unbeliebt. Man sprach davon, sie habe mit sechszehn Jahren eine Leidenschaft für einen Mann unter ihrem Stande gehabt, dann sei sie Braut geworden und habe am Tage vor der Hochzeit aus bloßer Laune dies Verhältniß gelöst. Sie war eben ein Sonderling, liebte die Bälle nicht, besuchte die Kirche noch seltener und nur auf ausdrücklichen Befehl, und man beklagte die Eltern, daß diese Tochter so aus der Art geschlagen sei.

Die Familie lebte in großem geselligem Verkehr. Das Handelsgeschäft des Vaters zog viele Ausländer in das Haus, welche bei ihm akkreditirt waren; die verheirathete Tochter mit ihrem Manne vergrößerten den Kreis, und seit einiger Zeit war der jüngste Bruder der Kommerzienräthin, der Domherr Anton von S., als häufiger Gast dazu gekommen.

Durch die Verwendung seiner Familie, welche ihn früh dem geistlichen Stande geweiht, hatte er, damals eben erst dreiundreißig Jahre alt, die Stelle eines Domherrn

in jener Stadt erhalten und vor nicht langer Zeit sein
Amt angetreten. Ein schöner Mann, geistig reich begabt,
im Besitz jener feinen geselligen Formen, die der hohen
katholischen Geistlichkeit eigen sind, hatte er auf seinen
Reisen und in der großen Welt alle Beschränktheit einer
klösterlichen Erziehung abgestreift und stand geistig auf
dem Höhenpunkte seiner Zeit im edelsten Sinne des Worts.

Sein Auftreten in jener Stadt erregte Neugier und Theil=
nahme. Er war unter den eilf andern mehr oder weniger
alten Domherren, denen Tafelfreuden und ihr bequemes
Dasein der Gipfelpunkt irdischer Befriedigung däuchten,
eine um so bemerkenswerthere Erscheinung, als man seine
Sitten, trotz seines Lebens in der Welt, streng und un=
tadelhaft nannte. Die Kommerzienräthin war stolz auf
den Bruder, und alle Familienglieder fühlten sich von
ihm angezogen und in gewisser Weise beherrscht, ohne daß
er nach irgend einer Herrschaft zu streben schien. Er übte
die Wirkung einer bedeutenden Persönlichkeit.

Jeden Sonntag gab man ein größeres Mittagbrod im
W.'schen Hause; die Familie und die grade anwesenden
Fremden speisten dort. Im Sommer fuhr man nach dem=
selben nach der Villa hinaus, im Winter blieb man bei=
sammen und es war Empfangtag. An einem Sonntage
im Herbste des Jahres 184* hatte man sich von der Tafel
erhoben, bei welcher diesmal der Domherr nicht zugegen

gewesen war, und die ganze Gesellschaft wollte sich nach
der Villa begeben, um noch einmal zum Schlusse trotz der
vorgerückten Jahreszeit, dort den Abend zuzubringen, als
Johanne erklärte, daß sie nicht mitkommen werde, sondern
in der Stadt zu bleiben wünsche. Man machte ihr Gegen=
vorstellungen, sie beharrte aber auf ihrem Vorsatz, und
mit mißbilligendem Achselzucken verließen Mutter und
Schwester die Eigensinnige, welche sich nach Entfernung
der Uebrigen auf ihr Zimmer zurückzog.

In der Villa traf nach einer Verabredung der Dom=
herr fast zu gleicher Zeit mit den Uebrigen ein. Er ver=
mißte Johanne, die Schwester ergoß sich in Tadel und
Klagen gegen sie, und Niemand hatte ein Wort der Ent=
schuldigung für sie, selbst die Mutter war hart und streng
in ihrem Urtheil. Das fiel dem Domherrn auf. Johanne
dauerte und interessirte ihn trotz ihrer schroffen Außen=
seite; er mußte ihrer fortwährend denken und entfernte sich
bald wieder unter einem schicklichen Vorwande, um sie
aufzusuchen.

Es war sehr still in der Stadtwohnung, als er dort
ankam. Er fand Johanne allein in ihrem Zimmer. Ein
helles Feuer brannte in dem Kamine, Vasen, mit frischen
Blumen gefüllt, standen zu beiden Seiten einer antiken
Lampe. Johanne lag in einem niedrigen Polsterstuhl und
sah in dem doppelten Lichte mit ihren langen blonden

Locken schöner aus, als der Domherr sie je erblickt hatte. Bei seinem Eintreten trocknete sie erschreckt ihre Augen und reichte ihm mit den Worten die Hand: „Es ist schön, daß Du meiner gedacht hast, Onkel! ich bin des Allein= seins müde. Komm! nimm Dir einen Stuhl hierher und laß uns plaudern."

Der Domherr that wie sie verlangte, und sagte: „Siehst Du, Liebe, wie sich Dein Eigensinn bestraft! Die Ein= samkeit hat Dich verstimmt und Du weinst, während die Deinen empfindlich gegen Dich sind, und wohl mit Recht. Du solltest filzsamer sein, Johanne!"

Sie sah ihn an mit einem großen, ernsten Blick und fragte: „Glaubst Du auch, daß ich eigensinnig bin, und aus Langeweile, aus Laune weine?"

„Nein, Johanne! aber Du bist uneins mit Dir selbst, Du bist unglücklich," entgegnete er, „und ich kam herein von der Villa, weil ich die Zeit benutzen wollte, Dich einmal allein zu sprechen und zu versuchen, ob ich Dir nicht helfen könne, Friede mit Dir selbst zu schließen."

„Onkel!" rief Johanne, „das Wort lohne Dir Gott! Du bist ein Priester, und was nicht jeder Priester ist, Du bist ein Mensch; das gilt mir mehr. Willst Du mich Beichte hören? Ich habe nicht gebeichtet vor den Priestern seit zwei Jahren, ich verachte sie und ihre Gleißnerei; ich habe Niemand mein Leid geklagt, denn sie verstehen es

15*

nicht. Es gilt mir jetzt auch gleich, was sie in der Familie von mir denken, aber das Herz ist mir schwer, Du bist gut, Dir vertraue ich, Du sollst mich nicht verkennen. Höre Du meine Beichte!"

Sie hatte sich vor ihm niedergekniet, er richtete sie auf, nöthigte sie, sich in den Sessel zurückzusetzen und sagte, indem er mit ernster Liebe ihre Hände in die seinen nahm: „Johanne! das ist der rechte Sinn der Beichte, Entladung der bedrückten Seele in liebendem Vertrauen, in der Zuversicht auf Theilnahme. Sprich! ich höre mit ganzem Herzen!"

Sie stützte das Haupt einen Augenblick in die Hand, in Nachsinnen versunken, dann hob sie an: „Erinnerst Du Dich aus der Zeit Deines ersten Besuches bei uns eines jungen Mannes, welcher Karl F. hieß? Er war der jüngste Sohn eines Hausknechts, der mit eigener höchster Lebensgefahr meinem Vater die Handlungsbücher gerettet, als unser altes Haus bei dem großen Brande ein Raub der Flammen wurde. Der treue Diener starb an den Folgen seiner Brandwunden. Zum Dank erzog man den Sohn in unserm Hause und ließ ihn studieren, d. h. man ließ seine Seele nähren mit der Erhabenheit des klassischen Alterthums, man erfüllte seinen Geist mit hohen Gedanken und Empfindungen, um ihm durch Hintansetzung, durch Vernachlässigung und Kränkung jeder Art, seine Armuth

und Abhängigkeit doppelt schwer empfinden zu machen.
Ihn habe ich geliebt, seit ich zum Bewußtsein erwachte.
Sein Leiden war das meine, sein Wissen theilte er mir
mit, und vor dem Auge des vierzehnjährigen Mädchens
breitete er die Schätze des Geistes aus, welche seine Stu=
bien ihm erwarben. Er war Protestant und studierte
Philosophie. Vor seinem Worte brach in meiner Seele
das ganze System der Vorurtheile zusammen, in dem die
Meinen leben; in ihm lernte ich den Menschen höher
achten, als die zufällige Stellung desselben in der Gesell=
schaft. Mein Herz hing an ihm!" sagte sie und ruhte
aus, als gälte es Kraft zu gewinnen für das Schwere,
das ihr noch zu berichten blieb.

„Eines Abends, ich war damals sechszehn Jahre alt,
gestanden wir uns, was wir einander waren. Ich wollte
mein Glück sogleich der Mutter verkünden, wenn sie mit
der Schwester von dem Balle heimkehren würde. Karl
rieth mir davon ab; er habe nicht den Muth, sagte er,
mich dem Zorne der Meinen auszusetzen. Ich begriff das
nicht. Die Liebe machte mich so stark, ich fürchtete Nichts,
ich konnte meine Wonne nicht verbergen. Noch am Abend
warf ich mich der Mutter in die Arme. Sie nannte
meine tiefe Liebe eine unanständige Liebschaft — jede
Möglichkeit des Vertrauens zu ihr war mir in diesem
Augenblicke für immer zerstört. Mein Vater verwies Karl

aus dem Hause, er ließ sich von ihm das Ehrenwort geben, daß er sich mir nicht nähern, mir nicht schreiben wolle. Ich habe ihn nicht wieder gesehen."

„Und weißt Du, was aus ihm geworden ist?" fragte der Domherr.

„Er ist nach Nordamerika gegangen."

„Liebst Du ihn noch?"

„Ich werde ihn nie vergessen, denn was wir so lieben, wie ich ihn liebte, wird ein unablöslicher Theil unseres Ich; aber meine Bewunderung für ihn ist nicht mehr die= selbe. Es war klein von ihm, mich aufzugeben. Er mußte, daß die Liebe zu ihm mich geistig meiner Familie entfremdet hatte, daß ich kein Dasein hatte als in ihm. Jahrelange Abhängigkeit hatte aber vielleicht die Kraft seiner Seele gebrochen, er vermochte nicht sich meinem Vater zu widersetzen, nicht die Geliebte zu schirmen, sie sich zu gewinnen, obgleich er meiner Ausdauer gewiß sein durfte.

„Die Schwester verheirathete sich, und mein Vater er= klärte mir, daß ich mir alle meine romantischen Grillen aus dem Sinne schlagen müsse. Einen unbemittelten, unangesehenen Mann, oder einen Protestanten, dürfe ich niemals heirathen, im Uebrigen stehe mir die Wahl frei. Das harte Wort meiner Mutter, die Art von mitleidiger Geringschätzung, mit welcher die ganze Familie meinen

Kummer behandelte, scheuchten mich in mich selbst zurück.
Ich litt ohne zu klagen. Das ist schwer. Drei Jahre
später überredeten mich die Eltern zu der Verlobung mit
Baron D. Ich hielt ihn für einen achtungswerthen Mann;
er war viel älter als ich, aber er schilderte mir den segens=
reichen Wirkungskreis, den ich auf seinen Gütern finden
würde, und das Glück, welches ich ihm selbst gewähren
könne, mit vieler Wärme. Ich war innerlich einsam, sehr
bedürftig geliebt zu werden und zu lieben. Meine Nei=
gung für Karl gestand ich dem Baron, sobald er um mich
warb und die Eltern meine Zustimmung verlangten. Er
allein ehrte sie und verspottete sie nicht. Dafür wollte ich
Alles thun, was ihn glücklich machen konnte. Drei Mo=
nate währte mein Brautstand. Die Eltern fühlten sich
zufrieden gestellt, ich hoffte innerlich ruhig zu werden,
war dem Baron dankbar und mein Herz wendete sich ihm
zu. Da, wenige Tage vor meiner Hochzeit, als man mich
mein Brautkleid anversuchen ließ, erhielt ich einen Brief
von fremder Hand. Eine Frau schrieb mir, sie habe den
Schwüren des Barons, der bei ihrem Vater erzogen
worden, getraut, sie sei einst ohne den Segen der Kirche, mit
dem Zorn der Ihren beladen, seine Gattin geworden, und
fordere von mir für ihre beiden Kinder den Vater zurück,
dem sie seit langen Jahren angehöre, der sie verlassen
wolle um meinetwillen."

Johanne hielt inne, preßte die Hand auf das Herz, als ob sie dessen gewaltiges Schlagen bezwingen wolle, und sagte dann: „Nicht wahr, Onkel! das war recht hart?"

„Armes Kind!" entgegnete der Domherr, „und was hast Du danach gethan?"

„Ich überlegte nicht lange. Die Eltern hätten, falls ich die Wahrheit sagte, darin keinen Grund gesehen, die Heirath mit dem Baron zu lösen, das wußte ich aus ihren Aeußerungen über ähnliche Verhältnisse. Jener Brief trug das Gepräge der einfachen Wahrheit. Ich begriff die Zustände nicht genau, aber das Eine stand in mir fest, daß ich nicht über das Herz einer Andern zum Altare schreiten könne. Ich hätte keinen ruhigen Augenblick mehr genossen. Dem Baron den Brief zu schicken, war mein erster Vorsatz, dann überlegte ich, das könne jener Unglücklichen in seinen Augen Schaden bringen; deshalb schrieb ich ihm nur, daß es mir unmöglich sei ihn zu heirathen, und sagte dies auch den Eltern. Man drang in mich mit Güte, mit Vernunftgründen, mit Härte zuletzt, jene Ehe zu schließen. Man zeigte mir die Gefahr für meinen unbescholtenen Namen, ich sah diese wohl ein, aber ich durfte doch nicht anders handeln. — Die Eltern können mir das nicht vergessen, nicht verzeihen; man denkt das Abenteuerlichste von mir, und scheucht mich damit immer mehr in mich selbst zurück. Ich bin allein unter den

Meinen, und bin das leider schon gewohnt. Nur manch=
mal, wie heute grade, kommt mir das Gefühl trostloser
Vereinsamung; und wenn sie mich dann Alle kalt und
launenhaft nennen, dann thut mir das Herz weh und ich
fühle mich unglücklich, weil ich noch so jung bin."

Ein heißer Thränenstrom brach aus ihren Augen her=
vor. Sie weinte lange und still, während der Domherr
schweigend ihre Hand hielt. Endlich sagte er: „Man hat
Dir weh gethan, Du Arme! aber tröste Dich. Ein Jeder
wird an das Kreuz geschlagen, und Jeder feiert seine
Auferstehung. Darum Muth, Johanne, blicke auf Christus
und liebe die Menschen um der Liebe willen, und ein
glückliches Dasein wird für Dich beginnen, wenn Du in
Dir das Menschheitsideal zu erreichen trachtest. Nur
habe Nachsicht für die Andern, welche es nicht erkennen
oder erstreben wie Du."

„Glaubst Du an Glück, Onkel?" fragte Johanne im
Tone des Zweifels.

„Zuversichtlich, denn wir sind dafür geschaffen."

„Und bist Du glücklich?" fuhr sie fort.

„Ich bin mit meinem Loose zufrieden und in mir ge=
faßt, Johanne! — Du weißt, es war nicht mein freier
Wille, der mich dem geistlichen Stande bestimmte; als ich
aber anfing Welt und Menschen zu kennen, als ich die
Irrthümer und Mißbräuche der Kirche begriff, da segnete

ich mein Geschick, denn ich fand meinen Beruf schön, meine Aufgabe der Arbeit würdig."

„Aber wie vermagst Du trotz der erkannten Mißbräuche und Irrthümer Priester zu bleiben? Wie erdrückt Dich nicht — vergieb mir das Wort — der trostlose Götzendienst der Kirche? Wie kannst Du ihn lehren und verbreiten?"

„Thue ich das, Johanne?" fragte der Domherr. „Ich segne meinen Beruf als katholischer Priester, weil er mich weiht zum Streiter der Wahrheit, weil ein Uebel nur da mit Sicherheit bekämpft werden kann, wo es sich zeigt. Der Mensch kann nicht leben ohne ein Ideal, und wo könnte man ein schöneres finden, als in Christus, dem Manne, der voll Liebe für die Menschheit sich der Wahrheit opfert? als in der Madonna, dem ewig jungfräulichen Weibe, das stark genug ist, unter dem Kreuze des einzigen Sohnes zu stehen? Diese Ideale, an denen sich die Seele erhebt, der Menschheit zu erhalten, und die heilige Liebeslehre von den wüsten Zuthaten verderblichen Aberglaubens zu reinigen durch Wort und That, ist die Aufgabe meines Lebens geworden."

„Heißt arbeiten und kämpfen denn glücklich sein? Wo ist Dein Lohn nach der Arbeit? Was freut Dich nach der That?" fragte Johanne.

„Das Bewußtsein freiwilliger Entsagung für den rechten Zweck."

„O! ich kann aber nicht ewig entsagen!" rief das junge Mädchen mit Heftigkeit, „meine ganze Seele dürstet nach Glück."

„Beglücke Andere und Dein Durst wird gestillt werden, theure Johanne," wiederholte der Domherr. „Du bist den Deinen entfremdet, schließe Dich ihnen wieder an, übe Nachsicht für ihre Eigenthümlichkeit und Du selbst wirst in innerem Frieden die Frucht davon ernbten. Ich kam als ein Freund Dir Trost zu bringen. Du hast mir Dein Herz enthüllt, Du hast mir gebeichtet. Als Priester des reinen Christenthums gebe ich Dir den einzigen Segen, welcher Heilung bringt: Liebe, damit Du glücklich werdest!"

Der Domherr legte seine Rechte mild auf Johannens Haupt, sie ergriff sie und wollte sie an ihre Lippen pressen. Er duldete es nicht, drückte ihr fest die Hand und verließ schweigend das Zimmer. Es war Nacht, als Johanne sich aus ihrem Nachdenken emporriß, ihr Lager zu suchen.

————

Seit diesem Tage schien eine wesentliche Veränderung in Johanne vorgegangen zu sein; sie kam sich erleichtert vor, da ihr Herz sich seines Kummers in vertraulicher

Mittheilung entladen hatte und sie sich von einer ver=
stehenden Seele beklagt wußte.

Der Domherr behandelte sie mit der Theilnahme und
Fürsorge eines älteren Bruders, wozu ihn sowohl sein
verwandtschaftliches Verhältniß, als sein Stand berech=
tigten. Die Zuversicht, bei ihm unablässig freundliche
Theilnahme, geistige Anregung und Stärkung zu em=
pfangen, machte, daß sie geduldiger die Galanterien ihrer
Bewerber ertrug, welche sich früher oft über ihre kalte,
abweisende Art beklagt hatten.

Unter diesen Bewerbern ward Graf Severin J., ein
Pole, der im Großherzogthum Posen bedeutenden Länder=
besitz hatte, von dem Kommerzienrath, welcher mit ihm
gemeinsam gewisse Fabrikunternehmungen besaß und be=
trieb, vorzugsweise begünstigt. Er war sehr viel im
Hause der Generalin und ihrer Eltern, und obgleich er
in der Gesellschaft für einen Anbeter der Erstern galt,
behauptete sie, daß nur Severin's Neigung für Johanne
ihn an sie fessele. Auch schien es, als ob seit einiger Zeit
das Verhältniß zwischen der Generalin und Severin eher
im Abnehmen als im Steigen begriffen sei. Dazu mochte
die Ankunft des Domherrn das Ihrige beigetragen haben,
der auf die Generalin ebenfalls einen lebhaften Eindruck
gemacht hatte.

Die Generalin, eine jener leeren Frauennaturen, denen

das bewegende Lebenselement nicht aus der eigenen Seele
quillt, stolz und hochmüthig wie ihre Mutter, war die
zweite Frau ihres greisen Mannes geworden, weil sie dadurch die erste Stelle in der Gesellschaft einzunehmen
hoffen durfte. Der General war stumpf und brachte
seine Zeit zwischen den sich täglich wiederholenden Dienst-
pflichten eines Soldaten im Frieden, und den Diners und
L'hombrepartien zu, welche seine Unterhaltung ausmachten.
Eveline lebte dadurch so ungebunden als möglich; man
wollte wissen, daß sie zahlreiche Verhältnisse zu andern
Männern gehabt habe, indeß da sie vorsichtig und berechnend
war, konnte man ihr keine bestimmten Vorwürfe machen.
Sie galt für eine liebenswürdige und kluge Frau, und
war vor Allem eine kokette Frau.

Daß zwei Charaktere, wie die der beiden Schwestern,
sich vollkommen fremd bleiben, ja fast feindlich entgegen-
treten mußten, bedarf kaum einer Erwähnung, nnd die
große Vorliebe der Kommerzienräthin für die älteste Tochter
trug dazu bei, dies innere Mißverhältniß zu erhöhen.
Indeß seit der Ankunft des Domherrn war zwischen den
Schwestern eine Art von Annäherung zu Stande gekommen, denn Eveline suchte die jüngere Schwester mehr als
früher auf, weil sie hoffen konnte, dem Domherrn im
Hause ihrer Eltern häufig zu begegnen.

Der Erste, welchem dieses auffiel, war Graf Severin.

Der Antheil, welchen die Generalin dem Domherrn be=
wies, verletzte die Eitelkeit des Grafen, dessen Empfin=
dung für Eveline wärmer geworden war, als er es selbst
geglaubt hatte; und wollte er sich dieselbe sogar ableug=
nen, um seine beabsichtigte Bewerbung um die Hand der
jüngeren Schwester endlich entschieden aufzunehmen, so
fand er wieder, daß auch hier der Domherr ihm im Wege
stehe. Eine augenblickliche Spannung zwischen Eveline
und dem Grafen war die nächste Folge davon, bis Beide
es gewahr wurden, daß Jeder von ihnen ein Interesse
daran hatte, den Domherrn von Johannen zu entfernen;
und Neigung und Abneigung gegen den Prälaten führten
Eveline und den Grafen bald wieder, wenn auch nicht
mehr in der alten Weise, zusammen. Einer wie der An=
dere hielt den Anschein der alten Galanterie noch aufrecht,
und einander täuschend, täuschten sie sich am Ende auch
wieder über sich selbst.

So verschwand die erste Hälfte des sehr harten Win=
ters, und täglich liefen Berichte aus der Umgegend ein
über die drückende Noth der Armen, welche in den Fabrik=
bezirken zu kleinen Aufständen Anlaß gegeben hatte. Auch
in den Fabriken des Kommerzienraths, an denen Graf
Severin wie gesagt mit bedeutenden Kapitalien betheiligt
war, waren Unruhen, und zwar zufällig an einem Abend

ausgebrochen, an welchem man im Hause des Kommerzien=
raths einen glänzenden Ball veranstaltet hatte.

Mehrere der Rädelsführer waren verhaftet worden,
es gingen von den Werkführern genaue Berichte über die
Vorfälle ein, der Kommerzienrath und Graf Severin
eiferten gegen den Liberalismus unserer Zeit, und ein
paar Tage darauf gab man ein zweites, noch glänzenderes
Fest, um zu beweisen, daß diese Vorgänge auf die Ver=
hältnisse des Hauses ohne Einfluß gewesen seien.

Das zweite Fest fand an Johannens Geburtstage statt.
Die Eltern hatten ihr einen sehr werthvollen Perlenschmuck
geschenkt, und die Generalin fragte Johanne, als sie die=
selbe im einfachsten weißen Kleide ohne jedes Geschmeide
bei dem Feste erblickte, weshalb sie die neuen Perlen nicht
angelegt habe?

„Ich kann sie nicht tragen,“ sagte Johanne leise, „sie
würden mich wie Feuer brennen, seit ich weiß, wie viel
Thränen daran haften. Dürfte ich es, ich hätte sie längst
verkauft —“

„Und das Geld dem Onkel für die Armen gegeben,“
fiel ihr Eveline lachend in's Wort, „um Dir dafür einen
Heiligenschein in seinen Augen zu erwerben. Ich kann
mir das denken!“

„Eveline!“ rief Johanne voll Schrecken.

Aber diese drückte ihr die Hand und sagte: „Meine

ich es denn böse, liebes Herz? Mein Gott, wir Alle
haben unsere Leidenschaften. Der Onkel ist interessant
genug, um von Dir geliebt zu werden, aber grabe deshalb sollst Du seine Verhältnisse bedenken und Deine Neigung, die ihn kompromittirt, nicht so öffentlich bloß stellen.
Es ist ein Glück, daß er nicht tanzt, sonst würde auch
auf den Bällen kein anderer Mann mehr in Deine Nähe
kommen, mein armes Kind!"

Sie verließ sie, und Johanne blieb vernichtet stehen.
Was sie nie in sich geahnt hatte, das sah sie jetzt plötzlich klar in ihrem Herzen: sie liebte den Onkel, den katholischen Geistlichen, der fest an seinem Berufe hing, dem
die Ehe verboten war. Dies Liebesbewußtsein erfüllte sie
mit bebender Glückesahnung, und doch lag die ganze Reihe
unvermeidlicher Schmerzen, die trostlose Oede gezwungener
Entsagung deutlich vor dem Auge ihres Geistes. Sie
vermochte sich kaum zu halten, als Graf Severin an sie
herantrat und ihre Hand zum Tanz begehrte. Johanne
nahm seine Aufforderung an, aber während sie in des
Grafen Arm in geflügeltem Tanze dahinflog, gelobte sie
sich, ihr Herz zum Schweigen zu zwingen und lieber still
in sich das Schwerste zu tragen, als den Onkel ahnen zu
lassen, was sie für ihn empfände oder, wie Eveline es
genannt hatte, ihn in seiner Stellung zu kompromittiren.

Unfähig in dieser Stimmung dem Domherrn ruhig

gegenüber zu stehen, tanzte sie unablässig und steigerte
sich, von innerem Schmerz gestachelt, zu einer äußeren
Fröhlichkeit, die Allen auffiel und die für das geübte,
theilnehmende Auge des Domherrn etwas Beunruhigendes
hatte. Er schob es auf den grellen Gegensatz dieses Festes
zu den Vorfällen in den Fabriken, die auf Johanne einen
sehr schmerzlichen Eindruck gemacht hatten. Sobald er sie
von einem Tanze ruhend in einem der Nebenzimmer sah,
trat er daher an sie heran. Graf Severin und der Vater
waren mit ihr.

„Haben Sie schon gehört, lieber Schwager," rief der
Vater dem Domherrn entgegen, „was mir Eveline eben
erzählt? Johanne trägt keinen Schmuck, weil aufsässiges
Volk in den Fabriken uns in unserem Eigenthume an-
greift. Sie haben Johanne schon von so vielen Wunder-
lichkeiten zurückgebracht, reden Sie ihr nun auch diese
kommunistischen Ideen aus, mit denen sie sich lächerlich
macht."

„Lächerlich!" rief Severin, der eben dabei stand, „bester
Kommerzienrath, nichts weniger als das. Ich segne diesen
Kommunismus, denn ihm verdanken wir es, Fräulein
Johanne einmal ohne allen Schmuck in ihrer vollen Schön-
heit zu sehen. Wissen Sie, Hochwürden," fuhr er gegen
den Domherrn fort, „dafür ertheilte ich all' dem rebelli-

schen Volke ohne Buße Absolution, wenn ich au Ihrer Stelle wäre!"

„Das thue ich auch ohne das," antwortete der Domherr.

„Ja!" lachte Severin, „denn die Absolution ist billig in dieser Zeit, in der Niemand mehr daran glaubt."

„Sie irren!" antwortete der Domherr. „Erst vor wenig Tagen hat mir Jemand gebeichtet, daß er durch die große Härte seines Brodherrn zu einem Schritte getrieben worden sei, den er sich jetzt in der Ruhe als ein schweres und obenein nutzloses Unrecht vorwerfe. Er könne es nicht wieder gut machen, er fühle Reue, aber man habe ihn auf das Aeußerste getrieben und er finde keine Ruhe in sich. Der Mann war, dem Naturtrieb nothwendiger Selbsterhaltung folgend, vollkommen in seinem Rechte; durch angeborne Knechtschaft gedrückt, wußte er selbst nicht wie sehr. Ich habe ihn von Grund der Seele und mit bestem Gewissen freigesprochen und mich glücklich ge= fühlt, daß ich ihm die Beruhigung gewähren konnte, welche er in sich selbst zu finden nicht reif war."

„Was man nicht Alles aus dem Katholizismus zu machen vermag," sagte Severin mit frechem Leichtsinn. „Die Religion ist in unserer Zeit wie das zusammen= gefaltete Papierblatt, aus dem man nach Belieben einen Hut oder ein Schiff oder einen Braukessel macht. Uns Polen ist der Katholizismus ein Panier, unter dem sich

die Freiheitskämpfer versammeln, Ihnen, Hochwürden, i
er ein Deckmantel für ten Ultraliberalismus —"

„Und mir?" fragte der Kommerzienrath.

„Ihnen," sagte Severin, den das gehaltene Schweigen
und der verächtliche Blick des Domherrn nur maßloser
und herausfordernder machten, „Ihnen, theurer Freund,
ist der Katholizismus ein Adelsdiplom, das Sie der Aristo=
kratie verbindet."

Johanne wurde über den Spott glühend roth vor
Zorn, auch der Kommerzienrath schien empfindlich, indeß
Severin wußte es gleich in das Scherzhafte zu ziehen und
meinte: „Ich meinerseits verarge es keinem Menschen,
wenn er sich aus dem alten Papiere Dasjenige formt,
was ihm das Angenehmste und Nützlichste scheint, eben
weil es an und für sich nichts werth ist. Mit der Reli=
gion sind wir ja Alle lange fertig," schloß er und führte,
da der Domherr sich von dem Spötter nichtachtend ab=
wendete, Johanne abermals zum Tanze fort, die ihm mit
innerem Widerstreben folgte.

Der Domherr lehnte an dem Pfosten der Thüre,
welche das Kabinet mit dem Tanzsaale verband. Fröhlich
schwebten die walzenden Paare an ihm vorüber, und jedes
Mal, wenn Johanne mit Graf Severin ihm sichtbar
ward, zuckte ein Weh durch seine Brust. Der leichtsinnige
Graf schien ihm Johannens unwerth und doch hatte sie

16*

am Anfang des Abends eine auffallende Freundlichkeit für
ihn gehabt. Severin war jung, schön, und das, was
man eine glänzende Partie nennt. Der Domherr mußte
sich sagen, daß Johanne nach ihrer Liebe für Karl F.
und dem in den Augen der Welt auffallenden Bruch ihrer
Verlobung mit dem Baron, eine Heirath mit Graf Severin als eine Genugthuung für sich und ihre Eltern betrachten möchte, aber es fiel ihm schwer zu denken, daß
Johanne so empfinden könne. Er gestand sich, daß er
größer von ihr gedacht, daß er in ihr an die edelste
Frauenseele geglaubt habe; und in gedrückter Stimmung
verließ er den Ball, ohne Johanne nochmals gesprochen
zu haben.

Am Morgen, als er in seiner einsamen Kurie erwachte,
lag ein heller Wintersonnenschein über der Erde. Es war
Sonntag. Eine Menge Bittschriften nothleidender Personen warteten seiner wie alltäglich. Er erbrach sie, durch-
las sie mehrmals, aber er war so zerstreut, daß er sie
fortlegen mußte. Er kannte seinen ruhigen Sinn nicht
wieder. Heftig ging er im Zimmer auf und ab, setzte
sich endlich an den Schreibtisch und begann einen Brief
an den ihm vorgesetzten Bischof von ... zu schreiben, der,
ein würdiger Kirchenfürst, ihm immer als Freund und
Berather zur Seite gestanden hatte.

Er schrieb: „Ich fühle mich seit längerer Zeit in einem inneren Zwiespalt mit mir selbst, mein verehrter Freund! und das leichtsinnige Wort eines leichtsinnigen Menschen hat seit gestern diesen Zwiespalt in mir erhöht. Sie wissen, wie fest ich an das Recht des Menschen auf seine freie Entwickelung glaube, wie ich im Geiste des Christenthums den sittlichen Idealismus verehre, und daß ich mich berechtigt, ja verpflichtet halte, den Geist der Wahrheit und Freiheit dem unentwickelteren Theile der Menschheit in der poetischen Symbolik unseres Kultus zu verkünden, weil die Mehrzahl für die reine abstrakte Idee nicht reif ist.

„Schon seit lange aber glaube ich, daß in dieser geistigen Bevormundung eine schwere Versündigung an der Menschheit liegt, deren vorgebliche Unmündigkeit wir benutzen, sie von uns abhängig zu erhalten. Wir ver= hüllen die heilsame, einfache Wahrheit durch jene kirchliche Symbolik, wir stellen uns zwischen den Menschen und das belebende Licht, in dem er allein wachsen kann. Jenes leichtsinnige Wort, dessen ich erwähnte, lautete: Die Reli= gion ist in unserer Zeit wie das zusammengefaltete Papier= blatt, aus dem ein Jeder dasjenige formt, was ihm das Beste dünkt! — Ich kann es nicht vergessen! Wer gibt uns ein Recht, daraus ein Gängelband zu machen, an dem wir die Geister lenken? Einen Lichtschirm, der den Menschen das volle Licht der Wahrheit entzieht?

„Ich höre Beichte, ich ertheile Absolution — es liegt in Beidem für mich ein tiefer poetischer Sinn; aber ich spende das Abendmahl nur zur Hälfte, ich bewahre die eine Hälfte der Geistlichkeit allein — das ist, dünkt mich, das Bild unserer strafwürdigen Handlungsweise. Kein Mensch und keine Menschenklasse hat das Recht, sich für Auserwählte zu betrachten, Auserwählte bleiben zu wollen, inmitten einer Religion, deren Grundgesetz die brüderliche Liebe, deren Grundlage die Gleichheit vor Gott ist.

„Auch ist fast Alles, wodurch wir uns von der Gesammtheit scheiden, auf Unnatur gegründet. Vor Allem dünkt mich, ist dies mit dem Coelibat der Fall, das den Priester leider so hundertfach erniedrigt, den es erheben sollte. Es trennt den Menschen nicht von dem natürlichen Verhältniß zu seinem Mitmenschen ab, es trennt ihn nicht ab von seinen natürlichen Empfindungen und Neigungen, aber es macht ihm zum Verbrechen, was sein Recht ist; es bringt den Priester in Zwiespalt mit sich selbst, der mit reinem, freiem Herzen den Zwiespalt in den Seelen Anderer beruhigen und heilen soll. Das ist gewiß ein Unheil!

„Lange habe ich mich damit vertröstet, daß nur Jahrhunderte umgestalten können, was Jahrhunderte gestaltet, daß eine allmälige Reformation innerhalb unserer Kirche, wie sie nothwendig ist, auch möglich sei. Aber ich habe jetzt schon Tage, Zeiten, in welchen ich das nicht mehr zu glauben vermag. Nur eine religiöse Reform, so dünkt mich, ist möglich und nothwendig, und sie muß vor sich gehen, wenn nicht das Unkraut die heilige Pflanze ersticken soll: der offene und entschiedene Uebergang vom Bilde zur Wahrheit."

So weit war der Brief geschrieben, als die Domglocke den Domherrn zur Messe in die Kirche rief. Er schritt über den stillen Domhof, eine zahlreiche Menschenmenge zog nach der Kirche. Innerlich erregt legte er das Meßgewand an und trat aus der Sakristei in den Chor, wo schon die anderen Domherren versammelt waren. Das geistlose Herbeten seiner Amtsbrüder widerte ihn an, aber der Anblick der Gemeinde erhob seine Seele. Funkelnd zitterte das Sonnenlicht durch die Fenster der Kirche und vergoldete die Weihrauchwölkchen, die, ein Symbol der Andacht, sich in die Höhe schwangen. In vollen Klängen ertönte die Orgel, und unter den knieenden Betern erblickte er Johanne, das Gesicht auf die Hände geneigt, in ihrem Betstuhle. Eine unaussprechliche Rührung ergriff ihn; die Andacht all' dieser Herzen schien sich in seiner Brust wie in einem Brennpunkte zu sammeln. Ihm war als liebe er nicht die Menschheit im Allgemeinen, sondern

Jeden besonders. Er sah Frauen aus dem Volke sich
niederwerfen vor der thränenreichen Schmerzensmutter,
und Kinder gläubig die Händchen emporheben zu dem
Jesuskinde, das ihnen aus seiner Wolkenhöhe die Aerm=
chen freundlich entgegenstreckte.

„Und diese Bilder, die ihrem Verständniß nahe sind,
sollte man ihnen rauben?" fragte er sich. „Kann man
der ganzen Menschheit den Bildungsgrad geben, der sie
fähig macht, den Geist im Geiste anzubeten? Und gibt
es schönere Bilder für das Höchste, als der Katholizismus
sie hat, wenn man ihn von seinen Schlacken reinigt?
Kommen nicht die neuesten Reformatoren immer wieder
dahin, eine neue Symbolik für den abstrakten Begriff zu
erfinden, die an idealer Schönheit den Katholizismus nicht
erreicht?"

Er beschloß den Brief nicht zu beenden und nicht ab=
zuschicken; es schien ihm Unrecht, zu zerstören, ehe er ein
Besseres an die Stelle zu setzen wisse, und der Protestan=
tismus war ihm als dogmatische Religion zu poesielos,
als rationelles Christenthum zu wenig frei, weil auch er
das Recht des Einzelnen zu freier Forschung beschränkt
und den Geist in Formen bindet.

Während diese Gedanken durch des Domherrn Seele
gingen, floß Johannens Herz über in anbetender Liebe.
Nicht vor Gott kniete sie, sie kniete in tiefster Demuth

vor dem Manne ihres Herzens, vor dem Geliebten, in dessen Seele sich ihr die Menschwerdung des Geistes offenbarte. Wie er so dastand in schöner Würde, die prächtige Gestalt gehoben durch das reiche priesterliche Gewand, verehrt und geachtet von der knienden Menge, da dünkte sie der ruhige Ernst auf seiner schönen Stirn ein Heiligenschein, dessen Reinheit sie mit keinem Wunsche entweihen dürfe. — Und doch liebte sie ihn mit aller Kraft ihrer Seele, doch hätte sie ihr Leben darum gegeben, ihm das nur sagen zu dürfen.

Die milden und mächtigen Töne der Musik lösten ihr Herz in Wehmuth auf, ihre Thränen flossen unaufhaltsam und als sie das Tuch von ihrem Antlitz nahm, war die Messe zu Ende und die Domherren hatten den Chor verlassen.

Johanne war es, als sei die Sonne untergegangen. Sie hörte von der Predigt nur die Worte, der Sinn konnte nicht in ihre Seele dringen, weil diese ganz von einem einzigen Bilde erfüllt war. Wie träumend verließ sie die Kirche, schritt an der Kurie des Onkels vorüber und bedachte, ob sie nicht, wie es sonst bisweilen geschehen war, bei ihm vorsprechen solle. Aber sie hatte nicht mehr den Muth dazu, seit Evelinens Spott ihr das Geheimniß ihres Herzens enthüllt hatte.

———————

Während Johanne und der Domherr solch ergreifende Momente in der Kirche verlebten, und der alte General zur Parade gegangen war, lag Eveline in einem Lehnstuhl am Fenster des Kommandantur-Gebäudes und blickte nach Severin hinaus, der ihr um diese Zeit gewöhnlich seinen Morgenbesuch zu machen pflegte.

Sie hatte beschlossen, heute, wie sie es nannte, mit ihm fertig zu werden und der Koketterie ihrer Schwester ein Ziel zu setzen, und sie konnte vor Ungeduld ihren Willen durchzusetzen, es kaum erwarten, den Grafen zu sehen.

Heiter wie immer langte er bei ihr an, heiter wie immer ergriff er ihre Hand um sie an seine Lippen zu drücken; aber zum ersten Male entzog sie ihm dieselbe, blickte sie ihn mit einem Ernste an, dem er noch nie bei ihr begegnet war.

„Warum diese Komödie, bester Graf?" fragte sie, „und warum kommen Sie überhaupt noch zu mir, wenn Sie mir nicht vertrauen?"

Severin sah sie überrascht an und fragte, was sie damit meine?

„Die einfachste Sache von der Welt!" antwortete Eveline. „Wir sind ja Beide keine Kinder mehr und stehen nicht mehr voll blödem Erstaunen vor den ersten Regungen unserer Herzen. Lassen Sie uns offen sein, das allein ziemt uns."

„Theure Eveline!" rief der Graf, „aber was bedeutet das Alles? Wann habe ich Ihnen die Gefühle meines Herzens, meine Verehrung für Sie verborgen?"

„Nicht verborgen, mein Freund, aber übertrieben haben Sie sie. Sie täuschten sich selbst im Anfang unserer Bekanntschaft, das will ich glauben — zu Ihrer Rechtfertigung glauben; jetzt wollen Sie mich täuschen und das gelingt Ihnen nicht. Sie sahen, daß mein Herz in meiner traurigen, ungleichen Ehe nicht befriedigt wird, daß ich unglücklich bin, Sie hatten Mitleid mit mir, und da Sie ein Mann, d. h. keiner reinen Theilnahme für ein Weib fähig sind, so hofften Sie glücklich zu werden, indem Sie die Leere meines Herzens ausfüllten und als Sieger triumphirend darin einzogen."

Severin wollte sie unterbrechen, sie litt es nicht, gab ihm die Hand und sagte: „Schweigen Sie doch, Severin! Glauben Sie, daß ich Ihnen zürne, weil Sie ein Mann sind wie alle Männer? Sie sehen, daß Sie das Ziel Ihrer Wünsche nicht erreichen; Sie werden es müde, mir ohne Lohn Ihre glänzende Jugend zu weihen und hoffen in einer Ehe mit meiner Schwester glücklicher zu werden. Das ist sehr natürlich, sehr natürlich!"

Sie sprach das Letzte mit bewegter Stimme. Severin stand ihr betroffen gegenüber. „Aber theure Eveline!" rief er endlich, „waren Sie es denn nicht selbst, welche

mich in dem Gedanken bestärkte, um die Hand Ihrer
Schwester zu werben? Waren Sie es denn nicht selbst,
welche in der Aussicht auf die Verwandtschaft —"

„Gewiß!" versetzte die Generalin, „ich wünschte diese
Verbindung. Ich hoffte, sie sollte die Schranke werden,
die bald und schnell zwischen uns aufgerichtet werden muß,
wenn ich die Schwäche nicht beklagen soll, mit welcher ich
mich dem Zuge überließ, der mich zu Ihnen zog. Aber
ich wußte es nicht, wie sehr Ihr Herz schon jetzt meiner
Schwester zu eigen ist, ich wußte nicht, daß ich nie etwas
Anderes für Sie gewesen bin, als die Schwester des
Mädchens, das Sie liebten."

Der Graf hatte, mit übereinander geschlagenen Armen
vor ihr stehend, ihr schweigend und voll Erstaunen zuge=
hört. „Träume ich denn!" rief er dann mit einem Male,
und Evelinens Hand ergreifend, sagte er sehr bestimmt:
„Eveline, Sie spielen heute ein Spiel mit mir! Das
fühle ich; was Sie aber damit wollen, was Sie beab=
sichtigen, das weiß ich nicht."

„Was ich will, mein Freund?" nahm die Generalin
mit sanfter Miene das Wort, „das ist sehr einfach. Sie
und mich will ich vor Reue bewahren; entsagen will ich,
wo es im doppelten Sinne das Glück und das Heil mei=
ner Schwester gilt. Entsagen will ich —"

Der Graf hatte sich an ihrer Seite niedergelassen,

jetzt sprang er empor. „Und würden Sie diese wunder-
volle Kraft der Entsagung, die Sie mir entgegensetzen,
auch so plötzlich in sich gefunden haben, wenn der Domherr nicht gekommen wäre, der Ihre Schwester anbetet,
als ob sie eine seiner Heiligen wäre?"

„Vielleicht habe ich diese Kraft aus Schwesterliebe,
vielleicht habe ich den Muth, meiner Schwester zum Opfer
zu bringen, was mir selbst ein Glück gewesen wäre, vielleicht weiß ich wie ungestillte Liebe schmerzt und will sie
dem ersparen —." Sie brach ab, als mißtraue sie sich
selbst, und sagte dann mit einem Seufzer, indem sie leise
ihr schönes Haupt bewegte: „So klein denken Sie von dem
Weibe, daß Sie nicht begreifen, wie man all sein Wünschen und Verlangen, der Ruhe und dem Frieden eines
geliebten Mannes opfern kann!"

Sie wendete sich ab, als wolle sie ihm den Anblick
ihres Schmerzes entziehen, aber in demselben Augenblicke
lag der Graf zu ihren Füßen, ihre Hand mit seinen Küssen
zu bedecken. Da öffnete sich die Thüre, und der Domherr, welchem Eveline das Recht eingeräumt, ungemeldet
bei ihr zu erscheinen, stand auf der Schwelle. Sie hatten
sein Klopfen überhört.

Severin sprang empor, der Domherr wollte zurück-
treten, nur Eveline behielt ihre Fassung, und dem Domherrn freundlich zunickend, sagte sie mit völlig heiterem

Tone: „Oh! unbesorgt, lieber Graf! der Onkel verräth uns nicht, und es ist gut, wenn er in das Geheimniß gezogen wird, da er großen Einfluß auf meine liebe Schwester hat. Graf Severin wirbt um Johanne, lieber Onkel! Ich habe ihm eben meinen ganzen Beistand zugesagt, dürfen wir auf den Deinen rechnen?"

Beide Männer erbleichten, und Severin's Bitte um des Onkels Verwendung klang eben so kalt und verwirrt, als des Domherrn Zusage; nur Eveline vermochte es, heiter vermittelnd eine Unterhaltung fortzusetzen, bis der Graf sich bald nachher entfernte.

Als Eveline mit dem Onkel allein war, sagte sie: „Ich habe eben einen kleinen Gewaltstreich ausgeführt, lieber Onkel! den Du mir vergeben mußt, wenn Du zugestehst, daß der Zweck die Mittel heiligt. Du wirst bemerkt haben, wie sehr der Graf Johanne umschwärmt, und daß sie ihn, launenhaft wie immer, heute begünstigt und morgen zurückstößt. Sie hat wirklich kein Herz, aber diese kalte Koketterie muß doch ein Ende nehmen. So habe ich allmälig dem Grafen, der sich früher einbildete, in mich verliebt zu sein, Johannens Bild untergeschoben. Er schwört jetzt tausend Eide, daß er Johanne liebe, immer geliebt habe, und ich ertrage diese männliche Treulosigkeit in schöner weiblicher Demuth."

Der Domherr sah sie ruhig mit seinem klaren durch-

dringenden Auge an und sagte: „Eveline! glaubst Du mich
zu täuschen mit diesem kleinlichen Spiele? Es ist mög=
lich, daß es Dir bei den Andern gelingt, nicht bei mir;
und ich werde nach dem, was ich lange geahnt habe, was
jetzt zu sicherer Gewißheit in mir geworden ist, nicht die
Hand bieten, Johannens Glück einem Manne zu vertrauen,
der in ihr Nichts sieht, als ein schönes Weib, Nichts
schätzt, als den Reichthum ihres Vaters. Sage das dem
Grafen, und daß ich ihm gegenüber schwieg, weil ich
keine Frau vor den Angen ihres Geliebten demüthigen
mag!"

Mit diesen Worten verließ er sie, und Eveline eilte
bleich vor Zorn an den Schreibtisch, wo sie mit bebender
Hand folgende Worte anf das Papier warf:

„Sprechen Sie Ihre Werbung gegen meine Eltern
noch heute aus. Noch heute! Sonst ist es zu spät für
unser aller Ruhe!"

Dies Billet ward gesiegelt und abgeschickt, dann warf
sich Eveline in ihren Wagen und fuhr zu den Eltern,
Johanne zu einer Spazierfahrt abzuholen.

———————

Einige Tage später lagen düstere Wolken über allen
Personen, welche in diesen Verhältnissen betheiligt waren.
Severin hatte Johanne zur Frau begehrt, hatte freudig

die Zustimmung der Eltern erlangt, und Johanne zwei
Tage Bedenkzeit erbeten. Nach Verlauf derselben erklärte
sie, daß sie die Hand des Grafen nicht annehmen könne
und entschlossen sei, sich niemals zu verheirathen.

Aber die Werbung des Grafen war in der Zwischen=
zeit von dem Kommerzienrath so vielfach seinen Freunden
anvertraut, daß sich das Gerücht von der neuen Verlobung
schnell durch die Stadt verbreitet hatte. Wollte der Kom=
merzienrath nicht als ein Lügner erscheinen, so mußte er
der ersten Mittheilung die zweite hinzufügen, daß Johanne
dem Grafen einen Korb gegeben habe. Die hohe Aristo=
kratie, zu der Severin gehörte, die töchterreichen Frauen
mitteloser Grafen, fanden darin für Severin eine gerechte
Strafe, daß er die ebenbürtigen Fräulein verschmäht, man
bemitleidete ihn mit Schadenfreude. Severin's Eitelkeit
war auf das Tiefste verletzt; ein offenbarer Bruch mit
Eveline die nächste Folge davon. Um sich zu rechtfertigen
in den Augen der Leute, um einen ihn nicht berührenden
Grund für Johannens Weigerung zu finden, erzählte Se=
verin Jedem, der es hören wollte, daß Johanne eine leiden=
schaftliche Neigung für den Domherrn habe, den auch die
Generalin liebe.

Je höher und unantastbarer der Domherr bisher in
der öffentlichen Meinung gestanden hatte, je williger nahm
die protestantische Partei die Nachricht auf, um daraus

Folgerungen gegen die katholische Geistlichkeit im Allge=
meinen und gegen die vornehme katholische Gesellschaft
im Besonderen zu ziehen. Die Vermuthung, daß Graf
Severin unter diesen Verhältnissen die Kapitalien kündigen
werde, mit denen er in den Fabriken des Kommerzien=
rathes betheiligt war, wurde von den Leuten als Gewiß=
heit ausgesprochen. Man sprach von möglichen daraus
entstehenden Störungen des Geschäftes, und die Verwir=
rung wuchs von allen Seiten.

Eveline war empört gegen die Schwester, da Severin
sie verlassen hatte und der Domherr sie mit äußerster
Kälte behandelte. Nur Johanne war ruhig, aber traurig,
wie Jemand, der sich bescheidet Leiden mitanzusehen, die
er um den Preis des eigenen, hoffnungslosen Lebens den
Leidenden ersparen möchte.

Während jedoch all' diese Nachrichten in der Stadt
von Mund zu Munde gingen, erfuhr der Domherr allein
kein Wort von den über ihn und Johanne verbreiteten
Gerüchten. Es gibt Männercharaktere von so fester, rei=
ner Art, daß sie der spiegelhellen Damascenerklinge glei=
chen, an der kein Rost haftet, weil Alles abgleitet an dem
reinen, festen Stahl. Die Verleumdung nistet sich nur
da mit Erfolg und dauernd ein, wo Lücken in dem Wesen
des Menschen sind. Sie ist ein giftig Schlinggewächs,
das sich festsetzt in Trümmern, in unfertigem Gemäuer,

und keinen Boden findet an Festgegliedertem und Ganzem.
Darum ist das Weib in seiner meist unvollständigen Entwickelung die Beute der Verleumdung, welcher der bedeutende Mann entgeht, weil er nicht durch die leisen Schlin-
gen verletzt und gehemmt wird, die sich um den Menschen
ziehen, ihm die Freiheit ruhigen Selbstbewußtseins und
Handelns zu hemmen.

Wie immer ging der Domherr seinen regelmäßigen
Beschäftigungen, seinen gewohnten Studien nach. Obgleich dies außerhalb seines Amtes lag, hatte er sich von
dem katholischen Konsistorium einen Theil der Armenpflege
und der Schulverwaltung übertragen lassen und ertheilte
in der katholischen Armenschule selbst den Religionsunter-
richt. Dabei ward er häufig in den Seelen einzelner
Kinder eine so geistige, reine Gotterkenntniß gewahr, daß
sein Glaube an die Nothwendigkeit einer symbolischen Um-
hüllung des Geistigen mehr und mehr zu wanken begann.
Er fühlte, daß die Menschheit sich jenem Entwickelungs-
grade nähere, der den Geist geistig zu erfassen vermag,
und daß sich ein Bewußtsein persönlicher Freiheit und
persönlicher Verantwortlichkeit in der Mehrzahl rege, welches die leitende, vermittelnde Dazwischenkunft des Priesters
einst entbehrlich machen werde. Mit dieser Erkenntniß
zerfiel vor seinen Augen die Nothwendigkeit des Priester-
standes, als einer besondern, zwischen der Menschheit und

Gott, heilig und einsam dastehenden Kaste, ohne daß sein Glaube an die Nothwendigkeit einer positiven Religions= form für alle die Menschen, die für ihr geistiges Dasein eines festen, sichern Wegs bedürfen, um sich nicht in der Irre zu verlieren, sich verminderte.

Er selbst war seit Jahren über die Grenzen positiver Religion zu einem reinen Deismus, zu dem sittlichen Ideal gekommen, und grade darum hatte er in seinem Beruf es für Pflicht gehalten, jedes Aergerniß, jeden An= stoß zu vermeiden, um der Moral, die er lehrte und pre= digte, die Weihe, die Bekräftigung des Beispiels zu geben. Seine hochbetagte Mutter lebte noch, er war ihr Stolz, ihre Freude, und ein inniges Verhältniß knüpfte ihn an sie, die noch streng an allen Glaubensartikeln und Satzungen der Kirche hing.

Grade in den Tagen, deren wir zuletzt erwähnten, hatte er einen Brief von ihr erhalten, in dem sie ihm mit Rührung von all' dem Guten sprach, das man ihr von dem theuren Sohn berichte, und daran die freudigsten Hoffnungen knüpfte, ihn einst noch als einen Fürsten der Kirche zu begrüßen. Doch mit diesem Worte hatte sie die schmerzlichste Seite seiner Seele berührt. Die Herrschaft der Kirche war es, die er beklagte. Er fühlte sich glück= lich, als Lehrer der Religion seine Ueberzeugung zu ver= breiten und den Tag der Erkenntniß am Horizont der

17*

Menschheit empor zu führen; er fühlte Zufriedenheit in dem Beruf des Trösters und Berathers, aber als Domherr ein Glied der Hierarchie zu sein, welche die Geister absichtlich knechtet und in Dunkelheit läßt, um sie nach Willkür zu beherrschen, war ihm ein quälender Gedanke. Schon mehrmals hatte in solchen Stunden der Wunsch, sein Amt niederzulegen, sich mächtig in ihm geregt, die Rücksicht auf seine Mutter und die Liebe für den andern Theil seines Berufes waren ihm jedoch noch immer zu Fesseln geworden, welche ihn davon zurückhielten.

In einer solchen Stunde inneren Kampfes ging er zu Johanne, sich zu erheitern. Er fand sie allein und traurig über die neuen Zerwürfnisse, welche die Abweisung des Grafen zwischen ihr und ihren Eltern hervorgerufen hatte. Sie klagte ihm deshalb, er gab ihr Recht, tadelte aber ernsthaft ihren gegen die Eltern ausgesprochenen Vorsatz, sich niemals zu verheirathen.

„Du wirst ihn nicht halten, diesen Vorsatz," sagte er, „weshalb also die Deinen unnöthig dadurch reizen? weshalb den Schein auf Dich laden, als hätte Dein Herz verlernt weiblich zu fühlen?"

„Onkel!" rief Johanne, „kein Mensch glaubt fester als ich an das unaussprechliche Glück einer innerlich wahren Ehe! Glaubst Du, ich fühle nicht, welch' eine Seligkeit darin liegen muß, einem geliebten Manne un-

trennbar vereint zu sein? Sieh! das habe ich so geliebt
am Katholizismus, daß die Ehe unauflöslich bindet, weil
die wahre Liebe ja ein Bund ist, nicht nur für gute und
böse Lebensstunden, sondern ein unzerstörbarer Bund der
Geister durch das ganze Leben hinaus, bis jenseits des
Grabes. Aber konnte ich diese Liebe für den Grafen
hegen? Und als Du gestern bei mir warst, sagte ich Dir
nicht —"

„War ich gestern bei Dir?" fragte der Domherr.

„Du kommst ja jeden Tag, lieber Onkel!"

„Jeden Tag?" wiederholte der Domherr wie erschrocken.

„Hast Du das nicht gewußt?" sagte Johanne, „ich
glaubte, Du thätest es mir zu Liebe."

„Johanne!" rief der Domherr mit solch' tiefer Innig=
keit des Tones, daß dem Mädchen die Thränen in die
Augen traten. Ihr war, als müsse sie vor ihm nieder=
knieen, aber auch dazu fehlte ihr der Muth. Sie hatte
sich von ihrem Sitze erhoben, nun blieb sie regungslos,
wie von unsichtbarer Gewalt gefesselt, mitten im Zimmer
stehen. Der Domherr stand ihr ebenfalls sprachlos gegen=
über. Endlich trat er dicht an sie heran, nahm ihre
Hände fest in die seinen, betrachtete in stummer Erregung
das schöne bleiche Antlitz und sagte leise, als fehle ihm
der Muth dazu: „Lebe wohl!" Dann preßte er ihre
Hände leidenschaftlich an seine Lippen und eilte davon.

Johanne stürzte weinend auf ihre Kniee. „Oh! mein
Gott!" rief sie, „er liebt mich! Jetzt vermag ich Alles!"

Am nächsten Tage war der Domherr in Amtsgeschäften
verreist. Johanne lebte einsamer als gewöhnlich, da mit
dem Karneval die Zeit der Bälle und Feste vorüber war,
und bemühte sich treulich die Unzufriedenheit ihrer Eltern
durch Fügsamkeit und Geduld zu überwinden. Mit dem
Gefühle, von dem angebeteten Manne geliebt zu werden,
war eine solche Glücksfülle über sie gekommen, daß sie
Nichts weiter begehrte, als auch Andere glücklich zu sehen.
Wirkliche Liebe, die das Ich untergehen macht in dem
Geliebten, zerstört die Eigensucht in ihren Wurzeln. Wer
einen Menschen mit tiefster Hingebung liebt, wird mild
für Alle, denn Liebe und Licht haben das gemeinsam, daß
sie Alles durchbringen, Alles erquicken und doch unver=
mindert ganz und Eines bleiben.

Eines Abends saß Johanne arbeitend in dem Zimmer
der Kommerzienräthin, und diese hatte abermals der Toch=
ter erklärt, wie bitter sie die Eltern durch die Abweisung
des Grafen gekränkt habe, als der Kommerzienrath herein
trat, sich an den Tisch setzte und sich räusperte, wie er es
gewöhnlich that, wenn er irgend eine Mittheilung zu machen
hatte, für die er den Anfang nicht zu finden wußte.

Endlich zog er einen Brief aus seiner Tasche und
sagte: „Ich habe schon seit einiger Zeit namhafte Ge=
schäfte mit einer Firma in Newyork gemacht, die zu be=
deutendem Ansehen gekommen ist, sie heißt Wilkins und F.
Heute erhalte ich einen Brief von dem Hause, in dem
man mir meldet, daß Herr F. selbst nach Europa kommen
und unsern Ort besuchen werde, um einige große Unter=
nehmungen mit mir zu besprechen, über die wir schon seit
Monaten unterhandeln. Zugleich aber bekomme ich diesen
andern Brief von F. aus London, dem er selbst in den
nächsten Tagen folgen wird. Lies ihn einmal, Johanne!"

Sie entfaltete das Blatt, es enthielt eine Schilderung
der Erlebnisse, durch welche Karl gegangen war, seit er
Europa verlassen hatte, lieferte den Beweis für seine
gegenwärtige günstige Lage, und am Schlusse fragte Karl
an, ob Johanne noch frei wäre und ob der Kommerzien=
rath ihm jetzt die Hand der Tochter bewilligen würde,
falls Johanne der Jugendliebe, die in ihm noch unver=
mindert fort lebe, treu geblieben sei.

„Nun Johanne?" fragte die Kommerzienräthin, als
ihre Tochter erbleichend den Brief zusammenfaltete, von
dessen Inhalt die Erstere im Voraus unterrichtet war, „wird
das endlich der Rechte sein? wirst Du endlich durch einen
ehrenwerthen Entschluß der Nachrede ein Ende machen,
der Du seit Jahren so viel Stoff zum Tadel gegeben hast?"

„Ich kann nicht, Mutter, so wahr Gott lebt, ich kann nicht!" rief Johanne.

„Wie!" fiel der Vater ein, „also Du liebst Karl nicht, Du hast uns Alle getäuscht, indem Du behauptetest, Dein Herz sei nicht frei und Du könntest den Grafen nicht heirathen!"

„O nein! das ist Wahrheit gewesen. Schmachvolle Wahrheit!" rief die Kommerzienräthin heftig. „Eveline hat Recht gehabt, wenn sie sagte, Johanne wird nicht ruhen, bis sie die ganze Familie unglücklich und zum Spott der Leute gemacht hat. Du weißt, wie der Vater und ich es gewünscht haben, den Adelsrang, der mir angeboren ist, wieder zu erlangen für uns. Du wußtest, daß die Verwendung unseres Schwiegersohnes, mit dem sich seine Familie vereinigen wollte, uns eine sichere Anwartschaft darauf gab, aber Dich rührte das nicht, Dich bestimmte das Glück der Eltern nicht."

„Mutter!" sagte Johanne, „ich kann, um Euch zu gehorchen, der Ehe mit einem geliebten Manne entsagen, auf eigenes Glück verzichten; einen ungeliebten heirathen, mich innerlich erniedrigen, das darf ich nicht."

„Johanne! heißt es sich erniedrigen, wenn man sein eigenes Herz überwindet, den Eltern, die uns das Dasein gaben, die letzten Tage ihres Lebens zu verschönen?"

Johanne schwieg, ihr Herz blutete und sie bedachte,

wie das Dasein, dessen Werth die Geber desselben den
Kindern so hoch anrechnen, oft ein recht trauriges Geschenk
sein kann. Sie wenigstens empfand es als ein solches
und ihre Augen füllten sich mit Thränen.

Als die Mutter dies sah, nahm sie Johanne bei der
Hand und sagte mit überlegter Milde und Ruhe: „Du
bist gut, Johanne, das weiß ich, Du willst uns nicht
Kummer machen, Du verstehst nur Dein eigenes Herz
nicht. Von einer Heirath mit dem Grafen kann nicht mehr
die Rede sein, aber Du mußt Dich jetzt verheirathen, um
die Ehre des Onkels zu retten, den Du liebst."

Der Kommerzienrath unterbrach sie mit heftigen Vor-
würfen gegen die Tochter, aber die Mutter suchte ihn zu
beschwichtigen und meinte: „Laß uns gerecht sein, wir
waren vielleicht selbst Schuld an Allem, was über uns
gekommen ist, als wir uns Johannens erster Liebe ent-
gegenstellten; indeß eine gute Tochter sühnt die Irrthümer
der Eltern, wenn es in ihrer Macht steht, wie hier. —
Eveline hat in der ersten leicht verzeihlichen Aufwallung
der Großmutter die Gerüchte mitgetheilt, die über Johannens Liebe zum Onkel umhergehen. Ich darf es Dir
nicht verbergen, mein Kind, man beurtheilt Dich hart,
man beurtheilt den Onkel um so strenger, je strenger er
selbst stets auf einen makellosen Wandel bei der Geistlichkeit gedrungen hat, während er doch sein eigenes Herz

nicht zu wahren verstanden. Wie man uns, Deine Eltern, dabei der Nachsicht wegen tadelt, die wir Dir bisher angedeihen lassen, das magst Du Dir selbst denken."

„Mutter! um Gottes Willen, nur nicht weiter!" flehte Johanne.

Aber die Kommerzienräthin sagte: „Ich darf Dich nicht schonen, denn auch ich habe Kindespflichten zu erfüllen, die mir heilig sind. Meine alte Mutter beschwört mich mit Thränen, Dich zu einer Heirath außerhalb dieser Stadt zu überreden, um die Ehre ihres Sohnes und unserer Familie zu retten. Karl kommt wie ein Bote des Himmels. Er war Deine erste Liebe, er ist Dir treu geblieben. Entschließe Dich, seine Frau zu werden und Du gibst uns Allen Ehre und Frieden, dem Onkel seine Ruhe wieder, denn er wird Dich glücklich wähnen an Karl's Seite, er wird an Deine Liebe für diesen glauben."

Johanne war es, als wanke der Boden unter ihren Füßen. Sie wußte nirgend einen festen Halt zu finden. Von ihrer stillen Liebe zu dem Onkel wie von einem Verbrechen reden zu hören, vernichtete sie in ihren eigenen Augen. Sie konnte nicht zweifeln, daß die Mutter die volle Wahrheit spräche, sie begriff, wie die Welt so urtheilen könne und müsse. Den Geliebten, zu dessen reiner Höhe sie anbetend emporgeblickt, erniedrigt zu sehen durch den Spott kaltherziger, unedler Menschen konnte sie nicht

ertragen, und leuchtend strahlten ihr die Worte in der
Seele, welche er einst bei ihrer ersten vertraulichen Unter=
haltung ausgesprochen hatte: „Wir werden Alle an das
Kreuz geschlagen, aber Jeder feiert seine Auferstehung!"

Ihre Seele sprach innerlich ein flammendes Gebet
aus um Kraft und Stärkung, dann sagte sie mit der
kalten Ruhe gänzlicher Entsagung: „Befehlt über mich,
ich werde gehorchen! Sagt der Großmutter, daß ich ihr
den Frieden wiedergeben will, und — verschweigt Anton
(so hieß der Domherr) was es mich kostet."

Sie wollte sich entfernen, aber die Eltern hielten sie
zurück, umarmten sie, nannten sie eine gute Tochter und
priesen sich glücklich, sie zum Wege der Vernunft zurück=
geführt zu haben, ohne daran zu denken, daß sie ein
Menschenherz gebrochen hatten.

———————

Die Ankunft Karl's wurde wie die Rückkehr eines
Verwandten gefeiert. Nur seines Jugendlebens im Hause
und seiner jetzigen Hoffnungen gedachte man, nicht der
Vorgänge, welche ihn gezwungen hatten, die Heimath zu
fliehen. Eveline war mit ihrem Manne auf einige Wochen
verreist und Karl und Johanne blieben dadurch mehr sich
selbst überlassen.

Karl fand sie viel schöner, viel bedeutender geworden.

Er sah in ihr nicht nur die Geliebte seiner Jugend, sie war ihm auch der Siegespreis am errungenen Ziele, und in das Glück, die Geliebte zu besitzen, mischte sich die männliche Freude, sie dem Vater abgewonnen zu haben, welcher sie ihm einst verweigert hatte.

Offen und frei gestand ihm Johanne, sie habe sein Andenken mit Neigung bewahrt, aber die Liebe ihrer Jugend sei untergegangen in einem mächtigern Gefühle. Sie liebe einen Mann, dem sie niemals gehören könne, der diese Liebe ahne und ihr durch freiwillige Entfernung selbst den Weg der Entsagung gezeigt habe, den sie wandern müsse. Wenn daher Karl ihr vertraue, ihr hülfreich die Hand biete sie zu stützen, so wolle sie mit all' ihrer Kraft danach streben, ihn zufrieden zu stellen und ruhig und glücklich zu werden. In diesem Bekenntnisse lag für Karl eine schmerzliche Enttäuschung; aber er liebte Johanne und wünschte sich zu verheirathen. Sein in Amerika nur auf materiellen Erwerb gestelltes Leben hatte ihn ruhig und kälter gemacht; er glaubte nicht mehr an Ideale, darum verlangte er sie nicht, und wie er Johanne kannte, durfte er zuversichtlich hoffen, sie werde ihm eine treue Gattin werden. In diesem Vertrauen ward ihre Verlobung gefeiert, und Johanne ward zum zweiten Male Braut.

Ein glänzendes Verlobungsfest wurde begangen, über-

all erzählte man die Geschichte von der Jugendneigung
des Brautpaares, von der Braut unwandelbarer Liebe für
ihren jetzigen Verlobten, die sie bewogen hatte, selbst die
glänzendsten Heirathen in der Nähe der Eltern auszu-
schlagen, um dem Treugeliebten in die ferne Heimath zu
folgen. Man erfand einen heiteren Roman aus dem
Stegreif zur Beruhigung der Verwandten und Freunde,
während Johannens gemartertes Herz verblutete.

Es ist mit der Liebe wie mit einem wunderthätigen
Amulet. Ist einmal der geheime Zauber zerstört, so ver-
sinkt das Eden der Poesie, welches der Zauber erschuf,
und die nackte, irdische Wirklichkeit steht um so farbloser
vor unserm Auge, je schöner und himmlischer die Wunderwelt war.

Johanne liebte Karl nicht mehr. Sie erkannte sein
tüchtiges, ehrenwerthes Wesen, sie schätzte seine Treue,
sie achtete seinen klaren Verstand, sein festes Wollen, aber
Karl's Auge übte keine magnetische Macht mehr über sie
aus, seine Stimme hatte keinen vibrirenden Nachhall mehr
in ihrem Herzen. Die trockne unerbittliche Klarheit seines
Verstandes, seine amerikanischen Nützlichkeitsprinzipien,
sein strenges Gerechtigkeitsgefühl für Menschen und Verhältnisse, dünkten sie kalt und untröstlich, wenn sie sie mit
der idealistischen, liebevollen Anschauungsweise des Domherrn verglich. Ihr war, als lege sich ein kühler Herbst-

nebel über ihre Seele, sie fröstelte innerlich und fühlte
sich gelähmt, von Todesangst befangen, wenn sie an die
Rückkehr des Domherrn, an seine Empfindung bei der
Nachricht von ihrer Verlobung dachte.

Der Domherr selbst machte während dessen eine Rund-
reise durch das Land, so weit die Parochieen unter der
Aufsicht des Domstiftes standen. Er hatte die Stadt
verlassen wollen, um den Sturm seines Herzens zu beschwichtigen. Oftmals im Leben war ihm weiblicher Lieb-
reiz entgegengetreten und flüchtiges Wohlgefallen einge-
zogen in seine Brust. Er hatte Neigung gefühlt und
Zuneigung gefunden, aber die Liebe war nie so mächtig
geworden, daß sie sein ganzes Wesen erfüllte. Ein Blick
auf seinen Beruf, ein ernstes Anschließen an denselben,
hatten ihm immer die Kraft zum Siege über sich selbst
gegeben, auf den er mit freudigem Stolz zurückblickte.

Jetzt war es anders. Sicher gemacht durch sein verwandtschaftliches Verhältniß zu Johanne sowohl, als durch
seine früheren Erfahrungen, hatte er sich unbefangen der
Freude an Johannens Geistes- und Herzensbildung überlassen. Sie zu belehren, ihre Anschauungen von Welt und
Menschen zu berichtigen und in ihrer Auffassungsweise
neue Schätze des Menschenherzens zu entdecken, war ihm
zum süßesten Genuß geworden. Seit Monaten hatte er
nur für Johanne gelebt, sein Wollen und Streben auf

sie bezogen, sein Glück in ihr gefunden, ohne es zu ahnen. Er glaubte ein schutzbedürftiges Mädchen zu stützen und liebte zum ersten Male im Leben mit voller Hingebung des eigenen Ich. Die prächtige Wunderblume der Liebe war so groß und strahlend in seinem Herzen erblüht, daß er sie nicht zu entwurzeln vermochte, ohne das Herz zu brechen.

Johannens Erklärung, sich niemals verheirathen zu wollen, kam ihm nicht aus dem Sinne. Sie war sein einziger Trost und doch betrübte sie ihn, wenn er dachte, daß all' diese Jugend, diese Schönheit einsam verblühen solle, daß all' die Liebesfülle, die für ihn in Johannens Brust lebte, ungenossen, ungespendet bleiben müsse. Nichts trennte ihn von Johanne, als das Gesetz des Coelibates, das in düsterer Zeit, aus irrgläubigen Entsagungsideen hervorgegangen, wie ein grausiges Gespenst in unsere Tage hinüberragt, Verzweiflung und Verwirrung zu stiften. Jenes Gesetz, das der schlaue Gregor gegeben, die Geistlichen den sanften Banden der Familienliebe zu entziehen, um sie mit ehernen Ketten an Rom zu schmieden, war schon Unzähligen zum Fluch geworden, der ihr Leben des Glückes beraubt, es in Kampf und Jammer gestürzt hatte. Seine Seele empörte sich dagegen mehr als je zuvor.

In dieser Stimmung kehrte es an einem Mittage zur Revision in einer Pfarre ein, deren Besitzer für das Muster

eines treuen Seelsorgers galt und von seiner Gemeinde
hoch verehrt ward. Er war ein freundlicher Greis und
kam dem Domherrn bis an die Thüre des Gärtchens entgegen, welches sich vor dem sauber gehaltenen Gebäude
ausbreitete. Das Innere des Hauses entsprach dem
Aeußeren und der Person des Pfarrers vollkommen, es
waren Bilder ruhiger, friedlicher Stille.

Der Pfarrer führte den Domherrn in die Schule, sie
war wohlberathen, der Schullehrer ein verständiger, innerhalb der Grenzen seines Wissens aufgeklärter Mann.
Das Examen der Schüler, die Prüfung der Konfirmanden
genügte allen Ansprüchen, nirgend war eine Spur von
absichtlicher Verdüsterung der kindlichen Gemüther zu fin-
sterer Bigotterie, überall wohlgepflegte Keime von Duldung und Menschlichkeit in den jungen Herzen. Der
Pfarrer ging wie ein Patriarch unter seiner Gemeinde
einher, wo er sich zeigte, nahte sich Alt und Jung, seine
Hand zu küssen.

Als er den Domherrn nach der Konfirmandenprüfung
in das Pfarrhaus zurückgeleitete, mußten sie über den
Friedhof schreiten. Es war in der Mitte des Monats
März. Der Schnee hatte schon lange der Sonne weichen
müssen und die feuchte braune Erde dampfte duftend unter der ersten, vollen Frühlingswärme. Noch fehlte das
Grün des Rasens auf den Gräbern und die schwarzen

Kreuze mit den schlichten Inschriften standen noch kahl und öde auf der Fläche, bisweilen mit einem verblichenen Kranz, mit einer fahlen Blumenkrone geschmückt. Nur hier und da tauchte ein röthliches Waldmeisterblatt, ein frischer grüner Sproß oder ein geschlossenes Schneeglöckchen aus der Erde hervor, ein trostreiches Bild des ewig neuen Lebens auf dem Gebiete der Vergänglichkeit. Hart an der Kirchhofsmauer erhob sich ein frischer Hügel, dem noch kein Rasen aufgelegt war und dessen gelber Sand sich hell gegen die braune Erde abzeichnete. Das fesselte die Augen des Domherrn, er blickte zufällig und der Pfarrer, dies bemerkend, sagte: „Man hat, Hochwürden, Ihnen vielleicht schon von diesem Vorgange erzählt, ich fürchte, meine Amtsbrüder werden sich deshalb bei meinen Vorgesetzten beschweren, und es würde mir ein großes Glück sein, wenn Sie sich meiner annehmen und mich vertreten wollten."

Der Domherr versicherte, nicht unterrichtet zu sein, und erfuhr, daß der Pfarrer hier die Beerdigung eines Protestanten gestattet habe, der bei den Fabrikaufständen verwundet, sich in diese Gegend geflüchtet hatte und in dem nächsten Pfarrdorfe bei katholischen Verwandten gestorben war. „Seine Mutter," so erzählte der Pfarrer, „hat sich, als sie von dem bevorstehenden Ende des Sohnes erfuhr, bis zu ihm durchgebettelt. Sie langte an

seinem Todestag bei ihm an. Die Leute waren ganz arm,
ein protestantischer Kirchhof viele Meilen entfernt und der
katholische Pfarrer jenes Dorfes verweigerte der jammernden
Mutter die Beerdigung des Jünglings in geweihter Erde.
Es war in den Tagen der höchsten Kälte dieses Winters;
die Noth sehr groß. Man wendete sich an mich, brachte
die Leiche hierher und ich ließ sie hier begraben. Daraus
wird mir jetzt ein Vorwurf gemacht, Hochwürden! während ich nach bestem Gewissen handelte.“

Der Domherr drückte ihm seine volle Zustimmung
aus, versprach ihm thätige Verwendung, falls sie nöthig
wäre, und man schritt dem Hause zu, wo sich die beiden
Geistlichen zur Tafel setzten. Eine hübsche Matrone sorgte
für Alles mit rüstiger Geschäftigkeit, ein junges Mädchen
ging ihr dabei zur Hand. Plötzlich schellte es draußen,
das Mädchen eilte zu öffnen und kam freudestrahlend mit
einem Briefe zurück, den es dem Pfarrer mit den Worten:
„Vom Bruder aus Halle,“ überreichte. Die alte Frau
trat hinzu, auch das Mädchen neigte sich über den Brief,
dem Domherrn konnte über den Zusammenhang dieser
Menschen, die in unschuldiger Familienfreude jede andere
Rücksicht vergaßen, kein Zweifel bleiben. Der Pfarrer
steckte den Brief ein, sein Wink entfernte die Frauen, aber
er war verwirrt und bewegt.

Sobald sie allein waren, sagte der Domherr: „Ich

habe, ohne es zu wollen, mehr von Ihren Verhältnissen
erfahren, als Sie mir vielleicht zu vertrauen beabsichtigten.
Aber —"

Da blickte ihm der alte Pfarrer fest in das Auge und
sagte, als ob diese Prüfung ihm Zutrauen gäbe, den
Domherrn unterbrechend: „Hochwürden! Sie sind ein jun=
ger Mann, Sie haben noch ein langes Leben und reiche
Kraft vor sich, thun Sie dazu, so viel an Ihnen ist, daß
unsere Kirche sich endlich einmal frei macht von dem Coe=
libat, das die Natur in ihren heiligsten Rechten kränkt,
das den Vater zwingt, sich seiner wackeren Kinder, seiner
reinsten Freude zu schämen und ein treues Geschöpf zu
verleugnen, das in guten und bösen Stunden ihm liebend
zur Seite gestanden hat."

Dem alten Manne versagte die Stimme, er fuhr mit
der Hand über seine Augen und stand von der Tafel auf.
Der Domherr, tiefer erschüttert, als sein Wirth es zu
ahnen vermochte, folgte ihm, gab ihm die Hand und sagte
ihm in ruhigen Worten, daß er ihn bedaure und daß es
nicht seines Amtes sei, den Stab über ihn zu brechen.
Er ließ ihn ahnen, daß auch er schon gelitten unter dem
Druck dieser Entsagung, daß auch sein Herz sich empöre
gegen diese hierarchische Thrannei. Sie schieden als Freunde,
der Domherr voll Achtung vor dem segensreichen Wirken
des Greises und sehr gerührt durch den Einblick in das

18*

Leben eines Mannes, der bei gutem Willen und redlichem
Sinne, mit sich und mit den Gesetzen, die er als die seinen anerkennen mußte, in einen unheilvollen Widerspruch
gerathen war.

Während seiner einsamen Fahrt arbeitete seine Seele
unabläffig den rechten Weg zu finden, welchen er einzu-
schlagen habe, in einem Falle, in dem die Freiheit des
Einzelnen gegen die Glaubensruhe vieler Tausende in die
Wagschaale gelegt werden sollte. Endlich am Abend schrieb
er seinem Bischof, dessen schon einmal erwähnt worden ist,
einen Brief, in welchem er ihm seine ganze Ueberzeugung
weitläuftig und mit eben so viel Wärme als Gelehrsam-
keit auseinandersetzte, und den er mit folgenden Seiten
schloß:

„Es ist seit Jahren meine Ansicht, daß in religiösen
Dingen jede gewaltsam zerstörende Reform nachtheilig und
unfruchtbar ist, denn der Boden unserer Zeit ist gesund
und kräftig genug, auch ohne gänzliche Umwälzung eine
Saat zur Reife zu bringen, deren einzelne Körner hier
und da gestreut werden. Wie in der sichtbaren Natur
die Luft den Pflanzensaamen entführt und vertheilt in die
entfernten Gegenden, so wirkt die That des Einzelnen
fort in der Geisterwelt.

„Ein schweres Unrecht ist von unserer Kirche seit Jahr-
hunderten an der Menschheit begangen durch das Gesetz

des Coelibats für die Priester. Der Lehrer des Volks, sein Vorbild, ist ein Ausgestoßener gewesen aus dem beglückenden Familienbande, das den Menschen an die Menschheit kettet. Man hat ihm die Liebe zum Verbrechen gestempelt, das Glück der Vaterfreude entzogen, wenn er sich nicht entschließen konnte, sein heiligstes Menschenrecht im Verborgenen zu erschleichen und seine tiefsten Gefühle zu entehren durch schmachvolle Heuchelei. Oder ist es keine Schmach, was Tausende von uns gethan haben und noch täglich thun, daß sie ein Weib, welches sich ihnen in herzlicher Neigung ergibt, erniedrigen zur Sklavin, die kein Recht hat an der Ehre ihres Mannes, und für ihre Liebe die Verachtung der Menschen erntet? Ist es keine Sünde, Kindern das Dasein zu geben, die erröthen müssen, wenn sie sich als unsere Kinder bekennen und die Welt sie als Bastarde brandmarkt?

„Es heißt in der Bibel: „Ein Bischof soll sein unsträflich, eines Weibes Mann, der seinem eigenen Hause wohl vorstehe, der gehorsame Kinder habe." Aber statt ein Muster der Christenheit sind wir ihr eine Schande geworden und ein Spott, durch jenes Gesetz, das in seiner hierarchischen Unmenschlichkeit den nothwendigen Keim unablässiger Uebertretung verbirgt. Man soll keine Gesetze geben, die eine Sünde sind gegen die Natur, und kein Mann, der dies erkennt, darf sich ihnen unterwerfen.

Ein Unfreier ist nicht würdig, sich den Diener, den Lehrer des Christenthums zu nennen.

„So bin ich fest entschlossen, mich nicht gebunden zu erachten durch das Gesetz Gregors, sondern mir ein Mäd= chen, das ich liebe, antrauen zu lassen als mein ehelich Weib. Dies ist mein freies Recht als Mensch und Mann. Es nimmt mir nach meiner festen, innern Ueberzeugung weder die priesterliche Weihe, noch die Fähigkeit, als Lehrer den Geist des Heilandes segensreich zu verbreiten, im Gegentheil, es erhöht meine Kraft, weil es mein Wesen vervollständigt in seiner Entwickelung. Ich verlange da= mit nicht, aufzutreten und zu sagen, es müsse jeder Priester meinem Beispiel folgen, aber ich halte es für Pflicht, dies Beispiel zu geben, damit Alle mir folgen, welchen es nachahmungswürdig scheint.

„Was die Kirche danach über mich beschließt, werde ich erwarten und mich fügen. Mag sie mich immerhin meines äußeren Amtes entheben, da mir meine innere Mission nicht genommen werden kann, den Geist der Menschenliebe zu verkünden, wie unser Ideal Jesus Christus ihn gelehrt hat.“

Als er diesen Brief beendet hatte, fühlte er sich wie von einer drückenden Last befreit, und übergab ihn selbst der Post, als fürchte er, ein äußerer, störender Zufall

könne ihm hinderlich werden, sich durch dies Bekenntniß
Ruhe und Freiheit zu erkaufen.

Am nächsten Tage sollte er in seiner Heimath ein-
treffen, nur eine Nacht lag noch zwischen ihm und dem
Wiedersehen der Geliebten. Er kannte die Schwierig-
keiten und Kämpfe, welche ihn noch von der gänzlichen
Vereinigung mit ihr trennten, aber er fühlte sich frei und
stark, er kannte auch Johannens muthige Seele, ihr liebendes Herz, und kein Zweifel an der Erringung seines
Zieles war mehr in seinem Innern.

Die Nacht verging ihm in gaukelnden Träumen, in
denen aus nebelhaftem Dunkel Johannens Bild immer
wieder hervortauchte. Er sah sich mit ihr knien vor dem
Altar der kleinen Kirche, in der er die Konfirmanden ge-
prüft hatte, und der greise Pfarrer segnete ihren Bund;
dann stieg aus dem Grabe des protestantischen Jünglings
die Leiche empor, ihm Johanne zu entreißen, welche sich
scheu und angstvoll an ihn klammerte, bis sie Beide ver-
sanken in ein Meer voll wogender Wasserblüthen, über
das goldig die helle Morgensonne sich emporhob, vor der
sie niederknieten, um zu beten.

Als er die Augen aufschlug, schien der Morgen schon
leuchtend in sein Zimmer. Es war Gründonnerstag, er
mußte Abends die Heimath erreichen, um bei den Char-

freitags=Ceremonien nicht zu fehlen, er wollte sie erreichen um Johannens willen.

Es dunkelte schon, als er das Thor der Stadt er= blickte. Eine schwere, weiche Frühlingsluft lag über der Erde und machte die Seele traurig, das Herz sehnsüchtig erbangen. Die Glocken der Kirchen, welche das Fest ein= läuteten, tönten durch die Dunkelheit, Arbeiter kehrten vom Tagewerke heim, Spaziergänger von der Promenade. Eltern führten ihre Kinder an den Händen, oder diese liefen fröhlich neben den Gatten voraus, die Arm in Arm ihnen folgten. Eine stille Freude durchbebte des Dom= herrn Brust bei diesem Anblick; es schien ihm unbegreiflich, wie er dies Glück entbehren können bis auf diese Stunde.

Sein Wagen fuhr an dem Hause des Kommerzien= raths vorüber, er sah Licht in Johannens Stube und wollte halten lassen, um zu ihr zu eilen, aber er unter= drückte den Wunsch, weil er sie durch heftige Eindrücke zu quälen fürchtete. Langsam und ruhig, wie der Entschluß in ihm erwachsen war, sollte sie ihn erfahren.

Der Domhof, fern von dem geschäftsvollen Gewühle der Stadt gelegen, kam ihm in seiner tiefen Ruhe un= heimlich, veröbet vor, die Stille seiner einsamen Kurie berührte ihn kalt. Kein liebendes Weib, kein fröhliches Kind begrüßten seine Rückkehr, nur bezahlte Diener leuch= teten ihm vor zu seinem Zimmer. Er dachte mit Liebe der Tage, an denen eine glücklichere Häuslichkeit ihm werden würde, da fiel sein Blick auf den Schreibtisch und auf die Briefe, welche in den letzten Tagen für ihn eingegangen waren. Der Erste trug die Handschrift der Kommerzienräthin. Er eröffnete ihn und blieb wie versteinert stehen.

Sie meldete ihm, daß sie und ihr Mann, trotz ihres innern Widerstrebens gegen die Ehe zwischen Katholiken und Protestanten, sich genöthigt gesehen hätten, Johannens dringender Bitte nachzugeben, und sie mit Karl F., ihrem Jugendgeliebten, zu verloben. Die allgemeine Meldungskarte lag dabei.

Der Domherr hielt die Karte lange starr in der Hand, er konnte den Vorgang nicht begreifen, er konnte nicht glauben an die Lüge in einer Natur, wie die Johannens. Sie hatte sich getäuscht, nicht ihn, das wußte er. Aber wie war das möglich gewesen? Sie war ihm verloren; sie mußte unglücklich sein, sehr unglücklich! Er hatte keine Thräne, keine Klage, nur den lähmenden Schmerz, nur das wirre, wahnsinnige Zucken des Geistes, der sich eine Thatsache als Gewißheit aufzwingen will, an die zu glauben ihm unmöglich ist.

Er vermochte sich nicht zu beruhigen, die ganze Nacht ging er mit heftigen Schritten im Zimmer umher oder saß regungslos am Fenster, hinaus zu schauen in die

Dunkelheit, welche hell war gegen die Nacht in seinem
Herzen.

Am Charfreitag ward, wie in allen katholischen Kirchen,
so auch im Dome, eine Frühmesse gelesen. Der Domherr wollte dabei nicht fehlen. Durch die Morgendämme-
rung schritt er in die Kirche. Sie war schwarz bekleidet,
die Kerzen flackerten, vom leisen Luftzug bewegt, es war
schaurig kühl und die klagenden Töne des Miserere zogen
durch die weiten Hallen. Des Domherrn starrer Schmerz
löste sich in brennende Thränen auf, er schämte sich ihrer
nicht, sie galten dem verlorenen Glauben an die Wahrheit eines geliebten Herzens, sie flossen um eine verlorene
Zukunft voll ersehnten Glücks.

Mechanisch erhob sich sein Auge zum Bilde des Ge-
kreuzigten am Hochaltar und sank hernieder zu den Stufen
desselben, da kniete Johanne, in schwarze Trauergewänder
gehüllt, die großen, thränenschweren Augen auf ihn gerichtet. Sie war todtenbleich und regungslos wie er selbst.
Es schien ihm, als wären sie Beide schon lange gestorben.
als wäre die Welt ein Leichenhaus, die Zeit zu Ende,
weil Johanne ihn verlassen hatte, weil das Unmögliche
geschehen war. Er wollte sie nicht mehr anschauen und
doch lebte seine Seele in seinem Auge; er hätte sie rufen,
zu ihr hinstürzen mögen, sie zu fragen: „warum hast Du

mir das gethan?" indeß die Achtung vor der Andacht der Betenden hielt ihn in ihren Schranken.

Ganz erschöpft langte er in seiner Kurie an, es war ihm unmöglich, dem weitern Gottesdienst am Tage beizuwohnen, er bedurfte äußerer und innerer Ruhe. Aber man hatte im Hause des Kommerzienrathes um seine Rückkehr gewußt, nur um ihn wiederzusehen war Johanne in die Frühmesse gegangen und vergebens harrte sie den ganzen Tag über auf seinen Besuch in ihrem Vaterhause. Auch der Morgen des Sonnabends verging, ohne daß der Domherr sich sehen ließ. Johannens Liebe duldete es nicht länger, seine härtesten Vorwürfe, sein bitterster Tadel, schienen ihr erträglicher als dies Schweigen. Sie wollte ihm schreiben, zu ihm eilen, ihm Alles gestehen, aber mädchenhaftes Zagen hielt sie zurück. In der Angst ihres Herzens wendete sie sich an ihre Mutter mit der Bitte zu ihm zu fahren, ihm zu erklären, was vorgefallen sei, ihr Nachricht und Trost zu bringen.

„Ich kann mich opfern für sein Glück, für seine Ruhe," sagte sie, „ich werde nichts thun, was er mißbilligt. Bitte ihn zu mir zu kommen oder nimm mich mit Dir, daß ich mich rechtfertige in seinen Augen, denn er verachtet mich sonst."

Die Kommerzienräthin suchte sie mit der Nothwendigkeit des Schrittes zu beruhigen, versprach ihrem Bruder die volle Wahrheit zu sagen und fuhr auch wirklich zu ihm, aber der Domherr war nicht in seiner Wohnung. Man berichtete, er sei zur Generalin gegangen, die ebenfalls von ihrer Reise zurückgekehrt war. Dorthin verfügte sich die Kommerzienräthin.

Sie fand Eveline und ihren Bruder in lebhaftem Gespräch. Er so wenig als Johanne hatte dies drückende Schweigen ertragen können, und da er sich scheute, sie selbst wieder zu sehen, so verlangte er zu hören, wie das Geschehene möglich geworden sei. Den Frauen fiel die Erklärung leicht. Beide gestanden, daß sie mit ängstlicher Besorgniß Johannens wachsende Neigung für den Domherrn gesehen, Eveline gab zu, daß sie deshalb die fehlgeschlagene Verbindung mit dem Grafen zu beschleunigen gewünscht habe. Da sei Karl zu glücklicher Stunde gekommen. Johannens Liebe für ihn sei zu neuem Leben erwacht, und nur die Besorgniß vor des Domherrn Schmerz habe sie bewogen, ihre freudige Zustimmung erst nach einigen Tagen auszusprechen und diesem nicht selbst die Anzeige ihrer Verlobung zu machen.

Die Kommerzienräthin sprach mit Ernst von der Zufriedenheit, von der Genugthuung, welche Johanne dadurch der ganzen Familie, besonders der Großmutter gewährt habe, sie kam schonungslos immer wieder auf die Gerüchte zurück, die über des Domherrn Verhältniß zu Johanne im

Gange gewesen wären. Die Generalin versicherte dem Domherrn, Johanne habe fest geglaubt, daß sie ihn liebe, sie habe ihn nicht absichtlich getäuscht und sei sich selbst nicht der Macht bewußt gewesen, welche ihre Jugendliebe noch in ihrem Herzen gehabt habe.

Der Domherr hörte das Alles mit an und glaubte Alles. Es gibt einen Grad des Seelenschmerzes, der dem Menschen die Fähigkeit eines gesunden Urtheils nimmt. Wenn das Herz sich gezwungen fühlt, an das Unmögliche, an das Aufhören einer Liebe zu glauben, die sein ganzes Sein erfüllte, so scheint ihm Alles glaublich; und kalte fremde Menschen gewinnen die Macht Wunden zu schlagen, gegen welche das treue Wort der Liebe nur zu oft kein Balsam mehr ist.

Betäubt, irre an dem Höchsten, an der göttlichen Wahrheit der Liebe, verließ der Domherr die Frauen und wanderte wieder seiner Wohnung zu. Als er dort anlangte, erfuhr er, Johanne sei dagewesen, die Mutter zu suchen. Er fragte, wohin sie gegangen wäre? man meinte, sie habe den Weg nach der Villa eingeschlagen. Er mußte ihr folgen.

Was er von ihr verlangte? Er dachte nicht daran. Es lag kein bewußtes Handeln in dem Entschluß zu ihr zu eilen, es war ein instinktmäßiger Schritt, eine Noth= wendigkeit, keine freie Wahl. Je näher er der Villa kam,

je schneller wurde sein Gang. Zu ihr! in diesem Gedanken
drängte sich sein ganzes Empfinden zusammen. Fast athem=
los langte er dort an, ihm fehlte die Stimme nach ihr zu
fragen. Man wies ihn in das Treibhaus.

Es war heller Mittag, die Sonne brannte auf den
Scheiben, und funkelnd strahlten goldene Orangen, glühende
Kamelien und zahllose Azaleen aus dem glänzenden Grün
hervor. Schlinggewächse rankten sich an den Pfeilern
empor, die die Kuppel des Pavillons trugen, ein betäu=
bender Blumenduft erfüllte den Raum und mitten unter
der Fülle dieses reichen Blumenlebens saß Johanne, bleich
und thränenlos, wie ein Marmorbild.

Sie war hierher gekommen, sie wußte selbst nicht wie,
als sie die Mutter und den Domherrn nicht gefunden;
nun weilte sie im Treibhause schon lange Zeit, ohne Ge=
danken an die Rückkehr zur Stadt, ohne irgend einen be=
stimmten Vorsatz. Der Schmerz, der große Schmerz
wuchtet sich zu vernichtend über die Menschen, man fühlt,
daß man ihn nicht abschütteln, ihm nicht trotzen, ihn nicht
bekämpfen kann. Man läßt ihn über sich kommen und
ergibt sich ihm in willenloser Entmuthigung.

Als Johanne den Domherrn erblickte, faltete sie sprach=
los die Hände und hob sie wie flehend gegen ihn empor.
Er hatte Erbitterung, Grimm in sich gefühlt auf dem eili=
gen Wege. Er zürnte sich selbst, dem Leben, der Thrannei

der Kirche, welche dieses Leid über ihn gebracht hatte, und
vor Allem zürnte er Johannen. Nun er vor ihr stand
und ihr schmerzdurchwühltes, bleiches Antlitz sah, löste sich
sein Zorn in Traurigkeit auf. Das Herz des lebens=
geprüften Mannes vergaß seinen Stolz, demüthig kniete
er vor dem jungen Mädchen nieder und fragte mit dem
weichsten Tone seiner Stimme: „Johanne! mußtest Du
das thun?"

„Ich konnte ja nicht den Fluch Deiner Mutter laden
auf Dein theures Haupt!" sagte sie bebend.

Der Domherr sprang empor, seine Arme umschlangen
das geliebte Weib, er zog sie an seine Brust und im
Jubeltone des Glückes rief er: „Du liebst mich, Johanne!"

„O! unaussprechlich!" sagte sie und barg ihr Haupt
an seinem Herzen.

Was sie gesprochen, was sie sich gesagt? Wer kann
Worte finden für die volle Glücksempfindung des Bewußt=
seins, einander unauflöslich zu gehören?

Aber plötzlich riß sich Johanne aus des Domherrn
Armen, und ein trostloses: „Zu spät!" entrang sich ihren
Lippen.

Zu spät! das ist der Fluch, den neidische Götter aus=
sprechen über so viele Herzen, der Fluch, welcher so oft
das Glück des Findens in nie endenden Jammer verwan=
delt. Sein kalter Hauch streifte Johannens blühendes

Leben und alle Blüthen der Zukunft lagen erstorben vor ihrem Blick.

Aber Anton's Stimme weckte sie zu neuem Sein. In geflügelten Worten verkündete er ihr seinen Entschluß, erzählte er ihr von seinem Briefe an den Bischof. „Ich bin frei!" sagte er, „da ich frei sein will. Man ist nur Sklave, so lange man seine Kette duldet, und seit ich empfunden habe, wie die Kirche den Menschen knechtet, vernichtet in seinen heiligsten Rechten, seitdem habe ich aufgehört mich ihr gebunden zu fühlen. Ich habe mit ihrer Herrschaft gebrochen!"

„Anton! und wenn sie Dich ausstoßen aus ihrer Gemeinschaft, wenn sie den Bann gegen Dich schleudern? Deine alte Mutter bedenke!"

„Ich habe bedacht! Sie können mich ausstoßen aus der Kirche, aus dem Bereiche ihrer verdammenswerthen Herrschaft, nicht aus dem Bande der Menschheit, nicht aus der Natur, in der Gott lebt und sein Geist. Die Zeit der Thrannei ist vorüber, Johanne! die Liebe zu Dir, das tiefste Gefühl meines Lebens, Du selbst hast mich gelehrt, was ich bis jetzt verkannte. Und meine Mutter? auch die Familie kann zum Thrannen werden an dem Menschen, auch mit ihr muß man brechen, wo es sich um unsere innere Freiheit handelt, um Frieden und Glück. Oder darf das verdunkelte Geistesauge meiner Mutter

mich hindern, die rechte Straße zu wandern, wenn ich sie
sehe? Ich habe ihr geschrieben, ihr in kindlichster Liebe
die Nothwendigkeit meines Thuns erklärt. Wohl uns,
wenn sie es einsieht —"

„Und wenn nicht?" fragte Johanne.

„Dann folgen wir dem Gott in unserer Brust und
hoffen, daß einst ein Tag den Geist der theuern Frau
erleuchten und uns ihr Segen dann nicht fehlen werde."

Johanne vermochte es nicht, die Wandelung zu fassen.
Sie sprach von ihren Eltern, von ihrem Verlobten, sie
ward zaghaft und schwach, da sie den Geliebten bereit
sah, mit frohem Liebesmuth, mit fester Ueberzeugung ihre
Zweifel zu bekämpfen, ihr ein sicherer Schutz zu sein.
Sie schalt sich undankbar und eigensüchtig, daß sie Karl
in seinen Hoffnungen täusche, und doch schilderte sie mit
Entsetzen ihr Empfinden bei dem Gedanken, dem nicht
mehr geliebten Manne zu gehören, während ihre Seele
unlösbar Anton's Eigenthum geworden sei, vor dessen
Worten und vor dessen Liebe endlich alle ihre Einwen-
dungen verstummen mußten.

Dieser glücklichen Stunde folgten Tage und Wochen
voll harten Kampfes, aber die Liebe bewies sich siegreich,
weil sie um Selbsterhaltung kämpfte.

Vergebens beschwor der Bischof den Domherrn von seinem Plane abzustehen, in Folge dessen man ihn seines Amtes entsetzen müsse, vergebens bat und flehte seine Mutter. Er blieb unerschütterlich. Nach einigen Wochen, als der Befehl seiner Amtsenthebung angelangt war, verließ er seine Kurie und bezog eine Wohnung in der Stadt. Die öffentlichen Blätter sprachen von dem Uebertritt des Domherrn Grafen Anton .... zum Protestantismus, er widerrief das Gerücht, mit dem Zusatze, daß er sein Amt niederlege, weil das Coelibat gegen seine Ueberzeugung sei. Der Klerus wußte bei der Censurbehörde die Nichtannahme des Artikels durchzusetzen.

Die ganze katholische Partei sah mit Entrüstung, die protestantische mit Spott auf dies Ereigniß, dem man die unlautersten Beweggründe unterlegte, weil Johannens Eltern entschieden ihre Zustimmung zur Lösung von Johannens Verlobung und zu der Ehe mit dem ehemaligen Domherrn verweigerten, obgleich Karl selbst Johannen ein edelherziger Fürsprecher wurde. Ihr Ruf war in den Augen der Gesellschaft unwiederherstellbar vernichtet, die nur zu oft Unglück und Schuld verwechselt.

Da trat eines Abends der Domherr bei ihr ein und sagte: „Ich habe noch einmal und vergebens die Herzen Deiner Eltern zu bewegen, ihren Verstand zu gewinnen versucht. Wo Vernunft und Liebe an Vorurtheilen scheitern, wo man die Berechtigung des freien Willens im Menschen nicht mehr ehrt, der Tyrannei gegenüber, fängt die Selbsthülfe an. Johanne! Du mußt mir folgen ohne den Segen Deiner Eltern, ohne den Segen der Kirche, denn die protestantischen Pfarrer, die ich aufgefordert habe uns zu trauen, verweigern es als ungesetzlich ohne die Zustimmung der Deinen, und sie sind im Rechte — aber wir sind es auch. In der Schweiz lebt mir ein Freund, der soll uns verbinden, bis dorthin schütze uns der Segen unserer Liebe. Kannst Du Dich entschließen, mir morgen zu folgen?"

„Ja, Anton!" erwiederte Johanne fest und bestimmt, während eine heiße Röthe ihr Antlitz bedeckte. Anton schloß die Weinende in seine Arme, die jetzt ihr einziger Hafen waren.

Die Eltern wußten um ihre bevorstehende Abreise, Johanne packte einige nothwendige Sachen zusammen, eine traurige Stille lag über dem Hause; Anton war abwesend, mit dem Ordnen seiner Angelegenheiten beschäftigt. Spät am Abend wagte es Johanne noch zu ihren Eltern zu gehen. Der Tochter ungeheuchelter Schmerz erweichte sie. Sie fingen an, die Macht einer Liebe, die Nothwendigkeit einer Handlung zu begreifen, für die zwei edle Menschen jedes Opfer zu bringen bereit waren; sie entschlossen sich, geschehen zu lassen, was frei zu bewilligen äußere Rück=

19*

fichten fie abhielten. Die Flucht der Tochter hatten fie nicht zu verantworten, man konnte fie nur wegen derfelben beklagen, und fo durften fie großmüthig verzeihen; die Tochter mit einem abtrünnigen katholifchen Priefter von einem proteftantifchen Pfarrer trauen zu laffen, hätte fie in eine fchiefe Stellung vor den Augen ihrer Mitbürger gebracht. Sie wählten das Erftere um der Familienehre willen.

Früh vor Tagesanbruch hielt ein Reifewagen vor dem Haufe des Kommerzienrathes, in diefen hob Anton die weinende Johanne; nur Karl war gekommen, die Scheidende noch einmal zu fehen. Ganz einfam fuhren fie fort im grauenden Morgen aus der engen dumpfen Stadt.

Das Thor war noch gefchloffen; aber kaum hatten fie es durchfahren, da flammte die Sonne auf am Frühlingshimmel, Lerchen hoben fich in die Luft, die Natur breitete fich vor ihnen aus in heiliger Schönheit und Freiheit, und fefter zog Anton die Geliebte an fein Herz, mit dem Gelöbniß, ihr in feiner Liebe Vaterland und Heimath zu erfetzen.

———

Es war im Frühjahre achtzehnhundertfünfundvierzig, zwei Jahre nach jenen Vorgängen, als ich mit einer Freundin den Weg von Bevay nach Montreux am Ufer des blauen Lemans entlang ging. Ein auffallend zierliches Haus zur linken Seite der Straße, etwas hoch gelegen, feffelte unfere Aufmerkfamkeit. Rechts von dem

Wege zog sich ein schattiger Garten hinab bis zum See. Wir fragten, wem die Besitzung gehöre? Man nannte uns den Namen des Eigenthümers und fügte hinzu, er sei ein Deutscher, der sie vor zwei Jahren gemiethet, seit einem Jahre gekauft habe. Wir wünschten den Garten zu besuchen, man ließ uns eintreten. Nahe am Eingang, in einer Laube, saß eine junge Frau in einfachster Kleidung. Sie nähte, zu ihren Füßen schlief in einem Korbe ein Kind. Als sie unsere Schritte hörte, blickte sie empor, ich erkannte sie sogleich, es war Johanne, blühender und schöner als je.

Wir waren uns flüchtig in der Gesellschaft begegnet, ihr Geschick hatte mich beschäftigt, und das Gerücht von ihrer Flucht mit dem Domherrn, dessen die Zeitungen andeutungsweise erwähnten, hatte großes Aufsehen gemacht, so sehr Johannens Familie und der Klerus es zu beseitigen getrachtet. Unsere Freude, uns wiederzusehen, war lebhaft. Johanne ließ ihren Mann rufen, er kam schnell herbei und begrüßte uns eben so herzlich als seine Frau. Sie lebten hier, auf einem der reizendsten Punkte der Schweiz, in tiefstem, innigstem Glück, das seit wenig Monaten durch die Geburt ihres Kindes erhöht ward. Der Domherr Graf Anton ... war ein freier schweizer Bürger geworden, der eifrig Landwirthschaft trieb und regen Antheil nahm an der Entwickelungsgeschichte seiner

Zeit. Er wollte Nachrichten aus der Heimath hören; wir berichteten, was wir irgend wußten. Bei unserer Abreise war die Heirath des Pfarrers Czerski das neueste Ereigniß gewesen.

Anton war davon unterrichtet und sagte: „Sieh Johanne! da bin ich nun der Johannes dieses Messias gewesen, und er und ich wir werden nicht die Letzten sein. Der Boden der Tyrannei muß mit Schmerz und Thränen gedüngt werden, ehe die Freiheit darauf erwachsen kann. Gott weiß es, wie viel Thränen in den einsamen Zellen der Klöster und Pfarreien geflossen sind, und es waren nicht die schlechtesten Priester, welche sie geweint haben." Er reichte Johanne die Hand, sie drückte sie an ihre Lippen und wurde roth, als schäme sie sich der Liebesbezeigung in unserer Gegenwart.

Stunden vergingen uns in traulichem Gespräch. Johannens Eltern hatten sich bei der Geburt des Kindes mit der Tochter ausgesöhnt, Anton's Mutter ihren Besuch versprochen. Es fehlte Nichts zum Glücke dieses schönen Paares. Als ich dies mit Freude bemerkte, meinte Anton: „Ach! es gehört in unserer Zeit, in der noch Schritt an Schritt die Barrikaden der Vorurtheile, der Unduldsamkeit und der verschiedenartigsten Knechtschaft aufgerichtet stehen, oft Muth dazu, das Glück erreichen zu wollen. Wäre Johanne eine jener Frauennaturen gewesen, deren Glück in thränenreicher Entsagung besteht, sie hätte mich und sich um die seligste Zukunft betrogen."

„Aber hätte es Ihren Frieden nicht gestört, wenn Ihre Eltern unversöhnlich geblieben wären?"

„Ich habe das nie gefürchtet," antwortete er. „In das Unabänderliche fügen sich die Familien und die Men=schen, wie die Staaten in die Thatsachen; und sich sein Recht vorenthalten lassen, erreichbarem Glück entsagen, ist eine so unverantwortliche Schwäche, daß man sie nicht begehen darf."

Wir sprachen von Deutschland und seinen religiösen Bewegungen auf dem Gebiete der verschiedenen Konfes=sionen. Anton vertrat, wie überall so auch hier, das Recht des Einzelnen, zu handeln nach innerer Nothwen=digkeit, und verlangte Duldung und Freiheit, selbst für den Verblendeten, dessen blödes Auge das helle Tageslicht nicht erträgt.

„Die Wahrheit ist da," sagte er, „wer danach dürstet, kann sie erreichen in unserer Zeit. Aber Jemand eine Wahrheit gewaltsam aufzudrängen, ihm einen Glauben zu entziehen, in dem er Ruhe findet, und für welchen wir ihm oft, seiner eigenen Natur nach, keinen Ersatz geben können, dazu haben wir kein Recht. Glauben Sie mir, es gibt auch heute noch viel schwache Menschen=naturen, die den Gott nur in seiner Menschengestalt be=

greifen, die von dem vollen Strahlenlichte der Wahrheit vernichtet werden würden, wie Semele durch den Glanz des Zeus."

Er war ein Freund fortschreitender religiöser Ent= wickelung, seiner früheren Meinung treu, diese Entwicke= lung müsse aus der inneren Nothwendigkeit in der Seele jedes Einzelnen geboren werden, um segensreich und wahrhaft zu sein. Das machte ihn zum Gegner der gewaltsamen religiösen Reformationen, weil sie nach sei= ner Ansicht nur taube Blüthen statt reifer Früchte tragen könnten.

Als wir uns, mit dem Versprechen baldiger Rückkehr, von den Gatten trennten, sank die Sonne nieder in den See, und das flammende Roth des Alpenglühens legte sich über die Gipfel des Dent du Midi und des Dent du Morque. Die Nachtigallen sangen in den Büschen, die Nachtschmetterlinge regten die Flügel und aus allen Blüthen stieg der süßeste Duft zum Himmel empor.

Johanne nahm ihr Kind aus der Wiege in ihre Arme, uns zu begleiten, Anton führte sie mit liebender Sorgfalt die wenigen Stufen hinan, die aus dem Garten auf die Landstraße leiteten.

Das Leben hatte mich nie schöner angelacht, als aus dem Antlitz dieser glücklichen Menschen, mitten in der frühlingsschönen Natur der Schweiz.

Inhalt des zweiten Bandes.